ツーリズムの新しい諸相

地域振興×観光デザイン

Tenshin Kobayashi
小林天心

はじめに

最近とくにアジア各国の空港へ行くたび、うならされている。それは、見たことも聞いたこともない航空会社がいっぱい飛んでいること。24時間フルオープンの空港内に、実にいろいろな国の人々が動き回っていること。トランジット・ラウンジの中にホテルやスポーツジムまであって、空港という概念自体が変化しつつあること、などによっている。そして成田に帰ってくると、それらアジアの空港に比べ、わが日本の表玄関がなんだかひなびて見えるようになった。もちろんそれ以外に、空港自体のスケールも格が違うということを、しみじみ感じさせられもする。

国際的に見て日本の観光が大きく立ち遅れているといわれて久しい。このように、ちらりと空港を見比べただけでそのことを実感するようになった。観光＝ツーリズムがもつ意味や意義について、こぞって状況を把握しなおす必要がある。ツーリズムに対する評価も、諸外国の観光政策も、内外の市場動向も大きく変わってきた。国内の旅行、海外への旅行、外国人の訪日旅行などすべて、成り行き任せでいいというような市場規模ではとてもない。地域や国際間交流の重要性、自然環境、歴史・文化、生きがい・幸せ・学び・健康、平和や安全保障、経済効果などのすべてを視野に入れた、相当に大きな日本のツーリズム・ビジョンや、それにもとづいた諸策が不可欠となった。また観光政策としては、地域や国のブランド戦略も重要視されている。想定した市場に、どんな商品を、どのように売り込むのか、ここも日本の各地域ではようやく動きが始まったばかり。独自性の発見や他との差別化を意識した、あらたに市場をつくりだすという働きかけはこれからである。

対外的には、日本は江戸時代初期から明治維新までのほぼ230年間、いや一般の人々にとっては1964年の海外旅行自由化までの325年間、実質的な鎖国状態が続いてきた。そして同時に、明治維新以降のおよそ80年間を除き、秀吉の朝鮮出兵以降じつに現在まで410年間、国際的には非武装・不戦・平和主義でとおってきた。世界の歴史を紐解くなら、スペインの無敵艦隊がイギリスに大敗を喫したすぐあとくらいからである。よかれ悪しかれ、かくも長きにわたった平和と鎖国が、日本人の文化や遺伝子の中に残したものはきわめて大きい。

こうした日本の歴史的な背景が、現状のわたしたちの対外感覚を他国とはかなり違ったものにしてきたことも意識しながら、日本のツーリズムに必要とされる新しい諸相を書き綴ってきた。今年ようやく日本の観光庁が発足の運びとなる。政府や各地域における観光行政の、ツーリズム関連産業の、あるいは研究者や新しいツーリズムに興味をお持ちの方々に、今後の目指すべき方向性への手がかり、いささかのヒントになれば幸いである。

目　次

はじめに　3

第1章　新しいツーリズム・デザインのヒント

空洞化が進む「京都ブランド」　12
東京の真ん中に江戸城再建　16
韓国に学ぶ首都の再生計画　20
東京を1日でどう見せるか　24
美しい日本をつくった人の力　28
「江戸城再建」具体構想検討へ　32
全長1万8000キロメートルの大自然遊歩道　36
国民の5％が遊歩道づくりに参加　40
たった1本の木が生み出す価値　44
「気候の安全保障」という考え方　48
小笠原の歴史をちょっと紐解く　52
ぜひ一度、エコツアー体験を　56

フットツーリングという旅の形 60
秘湯の旅館を訪ねてみたら 64
消費者という名のメディア 68
いつか行きたい一生に一度の旅 72

第2章 観光・旅行産業と明日への技法

「着地型」態勢をどうつくるか 78
自律的観光へ南信州の挑戦 82
地域おこしとエコツーリズム 86
国境の島のツーリズム振興 90
「ひらど遊学ねっと.」の立ち上げ 94
インバウンド専業の新会社を 98
富士山再生への長い道のり 102
「持続可能性」とは何か 106
白川郷を「まるごと博物館」に 110
観光地の価値を高める企画 114
新しいビジネスモデル確立へ 118

「えちてつ」の観光活用を考える 122
奥越前で着地型の旅行会社を 126
旅行に対する価値観の質的変化 130
小笠原という楽しい学びの場 134
新聞投書にこんな旅行の提案 138
旅行会社のブランド形成とは 142

第3章 次世代へつなげる観光と地域振興

世界一の豪雪をエネルギーに 148
すべての観光行動をエコ化 152
離島における観光開発の試み 156
持続可能なツーリズムの展開 160
大都市近郊のエコミュージアム 164
「安曇野アートライン」という試み 168
富士山の環境改善に具体策を 172
観光立国を徒花にさせないために 176
観光振興も時には身の危険覚悟 180

特定市場・季節を狙う外客戦略 184
一極集中の弊害を解消できるか 188
屋久島観光パスポート案 192
巨樹の森がつなぐ日本とNZ 196
座間味村のクジラ観察 200
少しでも長く滞在してもらう 204
美ら海を守るための「入島税」 208
美しい砂浜が美術館です 212
数を追わない観光の発見 216
圧倒的な富士山の観光価値 220
伊豆半島を歩いて巡る道 224

第4章　観光立国へ向けての課題は何か

対外的国名を「NIPPON」に 230
「観光庁」と新しい基本法に期待 234
「観光立国」大合唱の割には…… 238
国家的課題としてのツーリズム 242

首都圏の空港整備こそが最重要 246
ツーリズム・ニッポンをつくろう 250
「世界一安全な国」のＰＲを 254
外客受け入れの心理的バリア 258
新しい首都圏空港案が急浮上 262
次々に上がる世界遺産への名乗り 266
「ツーリズム・ニッポン」再論 270
観光立国のリスク・マネジメント 274
歩く旅がしやすい国をつくる 278
ツーリズムの「温暖化」対策は 282
ツーリズムが鎖国遺伝子を解体 286

あとがき 290

第1章
新しいツーリズム・デザインのヒント

空洞化が進む「京都ブランド」

再生への将来像は描けるか

京都・東山にある青蓮院。大型観光バスが押し寄せる平安神宮と知恩院の中間にあって、比較的静かな森に囲まれた一角に位置している。入口には京都市の天然記念物に指定された楠の大木が枝をはっている。中の庭園は相阿弥や小堀遠州の手によるという、小ぶりながらとても落ち着いた美しさの、平安後期から今に至る天台宗門跡である。

ところが最近、青蓮院正面の神宮道をはさんだ真向いに、森を伐ってマンションが建ちあがり、周辺の雰囲気は一変した。おそらくは、そのあたりの緑を保っていた邸が売られ、ディベロッパーは逆に背景の青蓮院の森を宣伝文句に、マンションを建てたものであろう。

京都の町並み破壊を象徴するかのような記念碑第1号は、1964年にできた京都タワーだ。歴史と文化の中心とされる京都の駅前に、あれほど醜悪なデザインのタワーがそそり立つ現実は未だに不可解極まりないが、青蓮院の側に見るまでもなく、このような動きは止まることなく今も進んでいる。

東洋文化研究家のアレックス・カーによれば、1990年代だけで4万軒もの古い家が京都から消滅したという。そういえばひと昔前、汽車に乗って京都駅に近づくと、黒々とした甍の波のむこうに優美な東寺の塔が見えた。今では乱雑なビル群にさえぎられ、うっかりすると見落としてしまいそうになる。

京都を訪れた観光客は昨年（2004年）に4500万人を超えて史上最高、観光収入は5348億円となった。京都市の経済における観光依存度は、ほかの都道府県平均より5割近く高いとも報じられている。しかしながら現実問題として、京都が持つ多くの文化遺産、人々の旅ごころをかきたてて止まない昔ながらの町並み、あるいは神社仏閣を包む深い緑の森などは、さながら雑多なビル群と多くの観光客・車両の波に、おぼれそうになりながら漂っている。

桜の頃、祇園まつり、あるいは紅葉のニュースを聞いたりすると、ふと思い立って京都へ行こうという気になったりする。ところが、あの人と車の立て込みようを思い返し、とりやめたことも再三ならずあるし、出かけてはみたものの「こんなはずではなかった」とホゾを噛んだことも少なくない。つまり「京都ブランド」への期待値と実態の乖離が、ずいぶん大きくなってきているのである。

それでも京都市は、2010年までに5000万人の観光客誘致という目標を掲げている。果たして、それでいいのだろうか。

2004年の入洛観光客が京都で使った金額は、1人平均1万1743円だという。京都という「地域としての文化遺産」をこれ以上劣化させないようにするには、むしろ観光客の数は抑え、消費金額を上げるような戦略の必要性があるのではないか。

いみじくも、京都にある個々の神社仏閣などの中には、1日の入場制限をしたり料金を上げたりしているところがある。そうしない限り、マスツーリズムによる価値の劣化が防げないからだ。金閣寺のような財力のあるところは、周辺まで買い上げて一帯の環境を自らの力で保全している。しかし、例えば北山の円通寺でそれができるだろうか。ここの美しい庭園は、杉木立の向こうに見える比叡山を借景として成り立っている。

観光地としての京都の価値は、点在する文化遺産の中だけにあるのではない。地域全体が醸し出す町の雰囲気と調和は、さらに重要である。先斗町《ぽんとちょう》、祇園、清水坂界隈や西陣の一部に残されたわずかな町並みさえ、もはや風前の灯ではないか。

京都がこの先もずっと、日本を代表する文化観光都市であろうとするなら、まずは現在かかえる問題点、訪れる人が抱く不満足感を解消あるいは削減することが不可欠である。おそらくは「観光立都50年の計」くらいの覚悟が必要であろう。

よその都市などに見る具体策を思い付くままに挙げるなら、マイカーの乗り入れ規制と地区別シャトルバスの導入、税制の見直しによる緑地・風致地区の保全拡大、古い町並みや民家の保存支援、歩く人や自転車を優先する町づくり、電線の埋設、等々いくらでもある。

しかし一番肝心なことは、お寺など個々の文化遺産のみならず、「京都」という地域全体の雰囲気・魅力・価値を一人ひとりの市民が支える、あるいは個々の観光客と共に支えあうという、理解と認識を深めることであろう。この点においては旅行業の責務は大きいし、NPOの活躍にも期待がかかる。こうした作業抜きでは、誇り高い京都市民も気がつけば丸裸ということになってしまうに違いない。

観光客の数を求めるためでなく、その満足度を高める努力。時あたかも青蓮院の本尊開帳のニュースが報じられているが、京都という大きなブランドを、これ以上「美しき日本の残像」として空洞化させないために、個を超えた全体の調和ある将来像と、サービスの質的充実が求められている。

（2005・10・3）

東京の真ん中に江戸城再建

観光立国のシンボル事業として

１６５７年1月18日午後、本郷丸山の本妙寺から火の手が上がった。折からの強風にあおられた猛火はあっという間に江戸中に広がり、２日間にわたって燃え続けたあげく、八百八町のほとんどは灰塵に帰した。10万８０００人もの死者を出した明暦の大火、俗に振袖火事とも言われる江戸時代初期の大惨事である。

今からちょうど４００年ほど前、１６０３年に家康が着工し、３代目の家光の時代（１６３６年）に完成したばかりの江戸城も、この大火で焼失した。大阪城の２倍の規模とうたわれた高さ61メートルの天守閣は当時、遠く房総からも眺められたというが、この大火以後に再建された江戸城のうち、大天守閣だけは再び建ち上がることはなかった。

その後の江戸城は１８６３年に本丸が焼失し、１８８８年に明治宮殿ができて宮城となり、１９４８年に皇居と称されるようになった。現在も皇居の東御苑には、明暦大火の後、天守閣が再建されるはずだった天守台の巨大な石組みがそのまま残されている。
この江戸城天守閣を再建しようという動きがある（江戸城再建を目指す会＝小竹直隆代表、NPO法人申請中※）

日本の各地に多くあった江戸時代の城塞は、そのほとんどが明治初期に取り壊されてしまった。わずかに残されたいくつかの城は、いずれもが現在、貴重な文化遺産となっている。1931年（昭和6年）にコンクリートで再建された大阪城でさえ、今や大阪観光のシンボルとなって多くの人々を引きつけている。戦後、放火によって焼失した京都の金閣寺はすぐに再建され、今も変らず京都観光のシンボルとして光り輝いているのはご承知のとおり。

しかし東京には「これ」という観光のシンボルがない。東京タワーではいくらなんでも寂しすぎるであろう。なに、パリのエッフエル塔だって似たようなものかもしれないが、あちらは1889年のパリ万博のモニュメントであり、いささか貫禄が違う。

さいわいにして江戸城天守閣は、当時の精密な設計図がそのまま残されているという。そこで、それに基づき、現代の技術を最高度に生かしたうえで、全くオリジナルな江戸城をそのまま再建したら凄いことにならないか。もちろん、あらゆる材質も当時のまま、コンクリートを使ったり、エレベーターを入れたりなどというマガイモノを造るのではない。400年前の江戸城天守閣を厳格に再現するのである。

これが成功すれば、新江戸城は一気に東京のシンボル、新名所になるであろう。日本が世界に誇る江戸文化の象徴にもなる。鎖国ではあったものの、全き国際平和が続いた270年もの江戸時代、その間にはぐくまれた日本独自の文化は、ある意味で世界史的にも貴重である。21世紀の大国際交流時代を迎えようとしている今、まさに観光立国のシンボルとしてもこれほどすばらしい目玉があろうか、と言うのだ。50年、100年もたてば、文字どおりのれっきとした歴史文化遺産になりきってしまうであろうことに疑いの余地はない。

その予算はといえば、たったの1500億円だという。あのシーガイアというガラクタが2000億円だったというが（あげく3261億円もの大赤字をつくった捨て値のそれを、叩き買いした会社も再建には四苦八苦だというが）、これくらいの金額は世界第2位の経済的実力を誇る、しかも「観光立国」をうたう日本国であれば、たちどころに出せるのではなかろうか。ナニ、その気になれば東京都だって出せない金額ではあるまい。それでも嫌だというなら、建設後の収入を見込んで株式会社をつくり、株主を募るとか、投資ファンド化するとか。

時あたかも九州の大宰府に国立博物館がオープンし、1300円の入場料にもかかわらず、連日押すな押すなの大人気である。本誌の報ずるところによれば、昨年の10月に開館した金沢21世紀美術館は、オープン後の1年間で何と160万人もの訪問者があったという。つい先日タクシーに乗ったら、ドライバーが「今日はウチのやつが友達と旭川の動物園へ行くと言って出掛けましてね」と言った。ハコモノといえば大半はカンコ鳥が鳴き、捨てようにも捨てられない厄介物ばかりだが、なかにはこうした集客力を誇るものもあるのだ。

もし完璧な江戸城（並びに、中にはたぶん江戸東京博物館を入れるか）ができあがれば、これは内外から大変な人を呼ぶことになるだろう。関連商品もいろいろできる。レストランの売り上げも凄いだろう。夜はライトアップされた白亜の天守閣が皇居の森に浮かび上がる。想像するだけでも、「そりゃもう、半端なことではござりませぬ」ではないか。

さらに歴史的なことに思いを馳せるなら、天皇家には本家としての京都御所に還御たまわることとする。東京の塵埃は江戸城にお任せこれあり、ほぼ150年ぶりの遷都実現となれば、これほどめでたいことはない。まるでダルマに両眼が入ったごとく、東京・京都はおろか、日本中が俄然湧き返るに違いない。

（2006・1・2）

※現在はＮＰＯ法人。

韓国に学ぶ首都の再生計画

お江戸日本橋ときれいな川は蘇えるか

さて、お江戸の話をもう少し。

世の中には大した人達がいるもので、今の皇居全体をいわば東京のセントラルパークにしよう、というNPOによる運動もあるらしい。これなども以前に言及した遷都が前提となっているであろうし、アイデアとしては首都圏の移転などよりもはるかに面白い。もし、こうした動きがひとつになり、天守閣はおろか松の廊下も大奥も含めたリアルな江戸城が再建されたらどうだろう。大がかりな庭園もできる。皇居あとだから、文字どおりのロイヤルパークである。まさしく日本の首都の中心となる大公園が出現することになって、これこそ世界中の注目を一挙に浴びるであろうし、開かれた国JAPANをアピールする途方もないバネになるだろう。

話は変わるが、先日、ドイツからやって来た青年に日本の印象を聞いた。一番気に入ったものは何かというと、「カプセルホテル」という意外な返事である。たしかに狭くはあるが、快適なプライベート空間が保たれ、眠るには申しぶんない。浴衣もあり歯ブラシもあり、大きな風呂も付いていて何ら不足ナシ。さらにテレビがありCNNは見られるし、嬉しいことにAVまで見放題と、にんまりである。これで3000円なんて、もう信じらんな〜いと興奮気味で、おしまいに「できればこのシステムをドイツに持って帰りたい」とまで言った。そりゃまあ、世界各地の垢じみたユースホステルなんかに較べれば、わが清潔なカプセルホテルの方に断然軍配が上がるのであろう。

しかしながら、これしきのことでこんなに喜んでもらえるなら、東京の真ん中に江戸城がど〜んとそびえ立ったら一体どんな反応を見せてくれるか、考えてみるだけでも愉快ではないか。朝の5時から深夜の1時まで、数分おきにちゃんとやってくる安全清潔な地下鉄にも彼は驚いていたが、あるいは来日前の東京をどんなレベルで想像していたのかは聞かなかったが、ともあれ東京の評判はこちらの想定をはるかに上回るものであった。小さい例ではあるのだが、こうしたことも現代日本の新しい文化の一部であるには違いない。

ところで江戸時代といえば、もうひとつのシンボルは「日本橋」である。お江戸日本橋といえば、東海道をはじめとする日本中への街道の出発点、旅のシンボルにもなっていた。残念ながらこの歴史遺産ともいえる日本橋は現在、高速道路にのしかかられ、コンクリートジャングルの中に埋没させられて、昔日の面影は見るべくもない。かつてのお江戸は水の都と言ってもいいほど水路がはりめぐらされていた。それゆえ現在も「橋」の付く地名だらけだが、今はそれらの河川や水路は高度道路となり、あるいはコンクリートの蓋をされた通りに変えられている。つまり、東京オリンピックの頃の高度経済成長期に、東京は古い街の面影や水のある風景を一気に潰し、経済効率最優先の都市づくりに邁進したのである。

しかし、ここに来て江戸城と同様、「日本橋再建」が語られるようになってきた。きっかけは、お隣り韓国のソウル市内に再生された清渓川《チョンゲチョン》だ。

清渓川はソウルの中心部を東西に流れる自然の河川だったが、20世紀に入ってのち、人口の増加と水の汚染がひどくなり、1955年から70年代にかけて韓国政府は一番手っとり早い方法として、約6キロメートルをコンクリートで覆い、さらにその上に高速道路を通した。まさに東京と同様な手法を採用したのである。ところがその後、この周辺の汚染はさらに深刻化、大気汚染も含めた環境の悪化は目を覆うばかりとなり、ついに2002年、ソウル市による清渓川復元推進本部が発足、昔の清流をよみがえらせる動きがスタートしたのである。

そして推進本部は、都心の交通体系の改編、覆蓋施設や高速道路の撤去、川の復元、造園・景観に関する調査、22万人を超えるこの地区の商業者の代替地案、等々の検討を行い、セミナーや公聴会、実に4200回を超える利害関係者達との対話・説得を続けたという。

こうした緻密な準備の上で工事は03年7月に着工、約360億円の工事費をかけ、05年9月末に完成した。総量114万トンに及ぶ廃棄物の処理は、リサイクルを最大限にはかった。往復12車線もあった高速道路の迂回路への車両誘導も混乱なく、周辺の商業など営業活動に支障が出ないような配慮がなされた。この復元工事によって自然環境はみごとに復活、水が流れてヒートアイランド現象はなくなり、開通3日間の人出は173万人、1ヵ月で600万人もの人々がつめかけたという。（『日経グローカル』No・39、05年11月発行号に掲載の「蘇えるソウルの都市河川、清渓川」東京大学先端科学技術センター研究員・朴承根氏より）

お隣りの韓国の大成功を見習い、サステーナブルな都市再生のきっかけに、東京の真ん中に自然な川と元の日本橋という発想。こんなにワクワクする話はないが、お城か橋か、果たしてどちらが先によみがえるだろう。

（2006・1・23）

東京を1日でどう見せるか

カスタムメイドのツアーづくり

ご自分で、東京の観光をなさったことは、おありか。

ごくまれではあるが、外国からのお客を案内しなければならないことがある。お初の日本、初めての東京、という人達に、1日で東京を見せる。ごく一般の、THIS IS TOKYO.を見せてあげるとすれば、どこをどう回ればいいのか。今日までのところで、自分なりに実施してきたプランは以下のとおりだ。何かの参考に(はならないかもしれないが)、かいつまんでご紹介する。「東京インバウンド2006」とでもしようか。

誰もがそうかどうか、自分は初めての場所へ行くと、必ず高いところへ登る。都市全体をざっと見渡せるところで、およその見当をつけるのである。というわけで、東京案内のしょっぱなは東京タワーから始めるのを常とする。あっちが富士山、こちらがお台場、新宿はあそこで皇居はあれだ、などと、およその東京地理をあれこれ説明する。これから回るところについてもざっと触れる。
タワーの次に、タクシーですぐだから竹芝桟橋へ行き、ゆりかもめに乗ってお台場に移動する。東京湾の埋立てについて、江戸時代以降の物語をやや大袈裟にしゃべると大概の場合、「おお!」と言われるであろう。お台場の自由の女神像についてはいささか恥ずかしいが、まあこれはご愛嬌として、レインボーブリッジや新橋方面のビル群を背景に、記念写真に収まってあげるのだ。付近のオープンカフェで午前のお茶にする。

ここから船で、竹芝経由浅草に行く。水のあるところはけっこう心がなごむもので、ゆっくりお台場が遠ざかり、やがて下町のビル群の谷間に船が入ってゆくのは悪くないシーンの移り変わりだ。知っているビルについて、高層マンションの値段について等々、適当な話題にはこと欠かないであろう。

浅草の船着き場で下りれば、浅草寺は目と鼻の先である。まずひとりで浅草寺なぞへ来ることはあり得ないが、境内に並ぶキッチュなお土産屋さんなども案内するとなれば、それはそれでいろいろなオハナシができる。立ち喰いのダンゴだって、けっこう面白いのである。あたりをひと回りしたところで昼食なのだが、ソバであろうが丼ものであろうが、あるいはテンプラだとかトンカツ屋さんだとか、それはもう日本のランチについていっぱい教え込む時間である。相手の好みというより、こっちの勝手で良い。

昼食後は地下鉄でギンザへ出る。大通りから「みゆき通り」とか「すずらん通り」とか、ブランドもののショップも含め各種のストーリーが語られることであろう。

そのあと再び地下鉄で、今度は新宿御苑へ行く。のんびり苑内を巡りながら、日本の皇室の行く末についてレクチャーなどを行い、樹木や花々についてのインタープリテーションをするのが、都市型エコツーリズムの東京版というものである。このあたりで適宜、午後のティータイムとなる。ツアーのペースは急ぐことなく、ゆったりめの方がいい。

やがて黄昏時となる歌舞伎町へ、歩いて行く。大沢在昌とか馳星周から仕入れた知識と、石原センセイの第三国人発言等を混ぜ、戦後の歌舞伎町文化論を展開するのだ。ここで迷い子になったら責任は持てない、ぐらいに「おっかなめ」に思わせるのも良い。何たって、日本は安全すぎるくらいだからだ。

そして、ざっとひと回りしたところでタクシーを拾い、都庁へ行く。無料の展望台から'TOKYO BY NIGHT'を見せて、ひととおりの東京観光はおしまいとなる。ま、夕食は先方の好みを聞いてあげたうえで、オプション扱いとしておこうか。ただし、最近の歌舞伎町というのはクリーンアップされてきて、猥雑さが薄れ気味ともいう。それで、銀座から以降の、もうひとつの選択肢を用意したので、それもついでにご紹介する。

御苑の代わりに表参道へ地下鉄で行き、表参道ヒルズを覗きながら明治神宮へ。中の庭園はよくできているし、池の鯉もしっかり歓迎してくれる。深い森林のような参道のアプローチも、原宿界隈の雑踏とは意外なコントラストだ。それで夕暮れ時となったらタクシーで六本木へ行き、防衛庁跡（現・東京ミッドタウン）あたりで降りる。新しい高層ビルについての話でもしながら六本木交差点方面へ歩くと、歌舞伎町から追われたと思われるオニーサンやオネーサンがいろいろなビラをくれたり、微笑みかけてくれたりするであろう。ナイトライフに対する心構えを、ここでやや大袈裟に語ることになる。

そして最後の夜景は、ご存じ六本木ヒルズのてっぺんから。あとのイブニング・スケジュールはもうお好みのままに、といった按配。始めと終わりを高みの見物できっちり押さえる、というのは新宿コース同様で人気が高い。

別に珍しい話ではないが、いろいろな場所における「カスタム・メイド」のツアーづくりをお試しになってみてはいかがであろうか。

（2006・10・16）

美しい日本をつくった人の力

農山漁村の「風景を読む」

「美しい日本」を唱える日本の首相が、それを支えてきた日本の農山漁村の風景や文化の再建から手をつけてくれるといいのだが、話は教育だとか軍隊だとか憲法だとか、まるで1世紀も前の国粋精神論の方向ばかりを向いているみたいで、はなはだ気色わるい。

かと思えば、公共土木工事に待ったをかけていた長野県は「脱ダム宣言」をひっくり返し、同様の主張で当選した滋賀県知事も公約をひるがえしてダムをつくるという。全国で次々と「反自民」と見られていた知事さんが、スキャンダル等で姿を消して行くなか、宮崎県の新知事がどんな仕事をしてくれるのか興味津津である。それにしても、同じ知事ながら東京都知事の好き勝手な公金使い込みに、マスコミの腰が引けてしまっているのはどういうわけか。水に落ちた弱い犬を喜んで叩くだけが仕事なら、そんなマスコミは要らない。

ところで昨年から今年にかけて、地方の話題といえば「破産宣告」を受けた夕張市だ。人口わずか1万3000人の市が、市民1人当たり450万円とも言われるほどの借金をつくった。過去30年ばかりをかけて、石炭の町から観光の町へと産業転換を図ってきた自治体の末路なのだが、中身をちょっと覗いてみるだけでも凄すぎる。1980年以来、市がつくってきたものを挙げてみると、石炭博物館、遊園地（観覧車も）、SL館、ロボット科学館、ホテル、ゆうばりの湯、ゴルフ場、水上レストラン、生活歴史館、ローズガーデン、観光物産センター「カサブランカ」、スキー場、ゆうばり郷愁の丘ミュージアム、化石のいろいろ博物館……とまあ、ため息が出るほどのハコモノ・オンパレードなのだ。

行政はこうしたモノをつくるのに自腹が痛むのは半分とか3分の1とかいうので、イケイケで突っ走り、肝心のお客を呼ぶ販促・流通、あるいは夕張という旅行商品研究が付いていけなかった。投資とリターンに責任ある目配りができなかった。いわゆるハコモノ行政がどこでも批判を受けているように、人を呼び寄せるソフトの仕組み抜き、ハードさえつくれば自動的に人がやってくるかの思い込みが、諸施設運営コストの大赤字をも積み上げた。消息通によれば、まだまだ全国には似たようなケースが枚挙の暇もないそうで、実態はもっとひどいところがある由。観光立国の地域振興に最も必要とされるのは、ソフトにかける知恵である。

10年ほど前、夕張の観光キャッチフレーズとして「バリバリ夕張」という威勢のいいセリフを聞いて笑ったことがある。しかし、真面目にツーリズムの側から夕張再生を考えると、笑い話どころではない。もちろん、市民の多くもこうした構造に依存してきた面があるわけで、結局は行政ともども無責任な「タコ・アシ喰い」だったという見方もある。

話を元に戻すと、美しい日本は「稲作の文化」であり、その田へ水を引くための「山をつくる文化」であり、「木を植える文化」だった。そして、過去２０００年にわたる先人達のそうした黙々努力の結果が、美しい日本の風景をつくり出したのだ、と説明してくれるとても良い本がある（富山和子著『日本の風景を読む』ＮＴＴ出版）。

著者は大陸との文化交流の舞台であり、明治になる前まで「表日本」だった日本海から話を説きおこしてゆく。そして、日本の海岸風景にふたつの姿があり、ひとつは山が迫った海岸、もうひとつは白砂青松の遠浅の海岸であるとして、前者には背後に必ず棚田と集落があり、後者の背後にもまた水田が広がると。稲をつくる文化の到来、棚田をつくる技術、そこへの水を確保するための山や森の保全、砂浜に松などを植えて風や砂嵐を遮り、田をつくっていった気の遠くなるような労働。「棚田を守れないようでは背後の森林も守れない。森林が守れないようでは海も守れない。農と林と漁はもともとひとつ」「日本は世界１６０ヵ国中１５０位クラスの農業軽視国」「山村そのものが減り、山の廃墟化が確実に進行」、こんな状況に都市の人達が疑問も怒りも感じないようでは「日本列島の山紫水明など守れるはずはない」というわけで、わずかこの数十年のうちに２０００年保たれてきた日本の風景（文化）が根本的に崩壊しつつあると、日本各地の大地から、海から、森林から、川から、著者は目からウロコの話を綴っている。まだの方に、ぜひ一読をすすめたい。

それにしても、室町時代にはすでに日本の10大港（湊）のうち8つまでが日本海側にあったという記述にはびっくりだ。博多、福井の三国、加賀、能登の輪島、富山（岩瀬）、新潟（今町）、秋田、津軽十三湊だそうで、そういえば明治初期に『日本奥地紀行』を書いたイザベラ・バードも新潟や秋田のにぎわいについてふれていた。ついでに、山村文化の奥行き、広がり、豊かさを研究・紹介した本に、『知られざる日本――山村の語る歴史世界』（白水智著、NHKブックス）がある。

（2007・3・5）

「江戸城再建」具体構想検討へ

NPOの会員も今年中に1000人

おそらく江戸時代初期最大の惨事と言えるであろう、10万人もの死者を出した明暦の大火につき、当時のジャーナリスト浅井了意は次のように書いている。

「乾坤（けんこん＝天地）これがために傾き、山河これがゆえにくつがえすかと。諸人肝を消し魂を失う。国土ことごとく劫火のため焼失するかとおぼえし」

先にご紹介した「江戸城再建」という話の、その後についてお知らせする。

上記大火で江戸の町はほとんど焼失、江戸城もすべて焼け落ちたが、2年がかりで「天守閣だけを除き」すべて再建された。なぜ天守閣が再建されなかったかといえば、当時の将軍の後見役だった文治政治家、保科正之が次のように反対したからだとされる。

「公儀の作事（修復普請）長引くときは、下々のさわりにもあるべし。かつかような儀に国費を費すべき時節にはあらざるべし」

要は、こんなに大変な折、たいして役にもたたない天守閣などまで造ったのでは、下々に迷惑もはなはだしいし、金もかかる。ほかに優先することがあるだろう、というのである。

日本全国にあった各藩の城郭は、幕府直轄のものを含め大小３０１ヵ所にあったが、明治維新でほとんど打壊されてしまった。しかし、明治の終わり頃から少しずつ再建をという声が出始め、なんと２００７年現在で１２３ヵ所もが再建されている。とは言うものの、それらのうち6割はコンクリート造り、残りの４割もほとんど何らかの変更がなされていて、オリジナルなものは少ない。秋田や千葉など、もともと天守閣なんて無かったのに、ちゃっかり「新築」しちゃったところもある。再建は第二次大戦前に5件、戦後の昭和と平成でおよそ半々、昭和はコンクリート造りが多く、平成は木造が多いという。

そんなこんなで、ぼつぼつ江戸城の番が回ってこようとしているようなのである。

ＮＰＯ法人「江戸城再建を目指す会」は、２００７年5月現在で会員数６４０を数えるまでとなり、その活動はいよいよ「築城構想検討会」という具体的プランの検証に進める段階に差しかかっている。

去る5月27日、総合文化研究所の西川壽磨《としまろ》氏を講師に迎え、第1回の江戸城再建セミナーが江戸東京博物館で行われた。会場にはいろいろな年齢層の男女70名が集まり盛会だった。先に紹介した保科正之の話や各地の城の話はすべて当日資料からの受け売りだが、具体的な城造りの説明、伝統的木造建築技術の点まで、西川さんの話はかなり興味深かった。柱１本をとってみても、ひのきの芯を外した、1辺45センチメートルもの角材が必要になるらしい。芯を入れるとそれに向かってヒビ割れができてしまうからだそうで、芯を外して45センチメートルをとるには、直径1・5メートルものひのきが必要、樹齢は1000～1500年もの巨木でなければならない、うんぬん。

地下1階、地上5階となる天守閣は高さが58・64メートルとなり、1階部分の広さはおよそ32メートル×36メートル（720畳分）、スケールは姫路城の3倍とも。現在の20階建てビルの高さに相当するようだが、日本の伝統木工技術であれば、耐震性は十分ある。戦前の木造家屋が多かった鳥取大地震などでも、それはしっかり証明されているらしい。

こうした伝統木工工法の確かさや強さが最近脚光を浴びており、江戸城の「オリジナル再建」にも十分な自信となっているようだ。日本の高層建築といえば五重の塔と天守閣が双璧だが、幸田露伴を持ち出すまでもなく、これらの塔が倒壊したという話は聞かない。

さらに最近、各地の誇りを「文化財」として隠さないで、人にたくさん来てもらい見てもらおう、「保存と共に活用あってこその文化財」という、九州国立博物館・三輪嘉六館長（『文化財学の構想』勉誠出版）らの主張も追い風となり、江戸城再建を目指す会はアカデミズム、専門家への輪も広げつつある。

江戸城のみならず、日本伝統の木工技術や建物が見直され、大きな流れになってくれれば、職人の技も守られ、荒れた日本の山の保全、林業の再生、ひいては日本の景観の再生にもつながるという、別の視点も語られていたのが印象的だった。

目指す会の目的は、①伝統と文化の再現、②観光立国のシンボルに、③善隣友好・国際交流の拠点にというところなのだが、冒頭の保科正之によって「当分ご延引しかるべし」とて天守の作事は沙汰止み」になったものが、350年の「ご延引=引き延ばし」を経て、ようやく新しい「沙汰始め」となってきたようだ。

目指す会は、具体構想を進めるための募金、会員の募集も積極的に進めており、ウェブサイト開設も間もないものと思われる。なお、個人会員は年会費3000円、法人は5万円。

(2007・6・18)

全長1万8000キロメートルの大自然遊歩道

21世紀カナダの新しい観光シンボル

はなしは唐突だが、「トランス・カナダ・トレイル」をご存じだろうか。

これは、カナダの全13州すべてを、言ってみれば遊歩道でつないでしまおうという、気宇壮大としか言いようがないプロジェクトである。

17世紀、日本の江戸時代初期に始まったヨーロッパ人のカナダ探検は、まず川沿いに広がってゆく。カヌーを漕ぎながら、冒険者、開拓者、毛皮業者、あるいは宣教師達が、東から、西から、あるいは北へ、海域を、さまよいながら彼らの地図を描き上げていった。やがてこの動きは、カナダの大陸横断鉄道へとつながり、カナダ建国の象徴としてのそれが1885年に完成する。日本でいえば明治中頃、福沢諭吉が『脱亜論』を発表していた頃のことだ。

それから85年がたった1970年、カナダの西端ビクトリアから、東端ニューファンドランド州セントジョンズまでおよそ8000キロメートル、今度は「トランス・カナダ・ハイウェイ」

が完成した。モータリゼーションの時代を象徴する出来事であり、これは同時に旅客鉄道の凋落をも意味している。

そして今度は、歩いてカナダを巡る、全長なんと1万8000キロメートルもの「トランス・カナダ・トレイル」だという。正確には歩くほかに、サイクリング、乗馬、クロスカントリースキーなど。一部には河川が含まれており、こちらではカヌー、そして冬季にはスノーモービルの使用が認められているのがカナダらしい。2010年の完成を目指し、今、その7割までができあがってきた、いわば多目的自然遊歩道である。

このトレイルはアメリカとの国境沿いの10州はもとより、北極海を囲むユーコン、ノースウェスト、ヌナブトという3準州にも伸ばされているので、上記のような途方もない長さにわたる「道」になった。といっても、実際にはすべてを新しくつくるというのではない。使われなくなった開拓史時代以降の鉄道線路跡、現行の鉄道線路沿い、国や州立公園内のすでに整備されているトレイル、個人の土地、などを最大限に活用しながら、全土にまたがるルートをつなぎあげてゆく。

いいなぁと思わせられるのは、この運動がNPOによって考えられ、実行につながっている、という点にある。これを、広い一般の人達が賛同し、支え、民間の企業や、各州、それに国までがサポートする。一般の人達はトレイル1メートルあたり50ドルという一口献金に応ずる。するとトレイル沿い各地に建てられた、休憩所というかパビリオンのパネルに、その名前が刻まれる、という仕組みになっている。企業など大口献金者にはそれ相応のパネル扱いがある。ここに名前を残したい、というより、この壮大な構想に少しでも加わりたいという人達は、世界中に少なくないらしい。おそらく、日本の中からも、すでにこの企画に参加している人がけっこういるのではないか。

1万8000キロメートルといえば、赤道一周が4万キロメートルだから、どれほどのスケールかおわかりいただけるだろう。こんな途方もないことを考えて、さらに実行に移すというコンジョーが半端ではない。しかも、遊歩道である。一銭にもならないといえば、それまでではないか。しかし、このアイデアは、カナダの新しい、いわば21世紀のシンボルをつくろうと目論んでいるのである。鉄道やハイウェイが20世紀型だったとするなら、ここであえて〝歩く〟を持ち出して、新しいカナダの象徴を世界にアピールするというのは、これぞ「持続可能」という、カナダの観光立国戦略としても甚だ優れていると言えないだろうか。しかも、気の遠くなるほど広大な土地に、10万人ほどしか住人がいない極北3準州までこのトレイルが伸びている……。

ある意味で、こんなにロマンティックなおはなしはめったにない、というよりカナダ以外ではありえないと、かなり前からずっと気になっていた。1992年にこの運動が始まったというから、さぞかし例のJ・S・ミルが言った、あざけり、議論、採択という、〝大いなる運動の手順〟を経て、ここまで来たのに違いない。

さて、日本での人気が常に高いカナダだが、逆に日本からの観光客は1996年の65万人をピークに減少傾向に転じ、今年はもしかするとその半分どころか、30万人をも割り込むかもしれないと、関係者は気をもんでいる。カナダ観光局がJATA世界旅行博から手を引いてしまったというのも、「特オチ」（マスコミで言う「特ダネ」の反対。1社だけが報じないという大チョンボのこと）として注目だった。一国のインバウンド観光事例として、オーストラリアの苦戦ともども、一度分析してみる必要あり、と思っている。

（2007・9・17）

国民の5％が遊歩道づくりに参加

カナダらしいソフトパワーを強化する運動

前頁で紹介した「トランス・カナダ・トレイル」（TCT）について、もう少し続けたい。カナダの全13州にまたがる、1万8000キロメートルの壮大な多目的遊歩道のことだが、これのホームページを覗いてみたら、いろいろなことが書かれてあった。

まずは、なぜトレイルか、どんなベネフィットがあるのか、という問いかけに7つの理由が挙げられている。

①カナダ全土の環境保全、②国民の健康維持、③健全な野外レクリエーションの場を提供、④地域経済の活性化（B＆Bなど観光関連、土地の価値が上がる……）、⑤自然に親しみ、歴史を教える、⑥家族のためのレクリエーション活動を奨励する、⑦エコツーリズムの普及促進。

もうおわかりのように、これらはカナダ・エコツーリズム協会のミッションそのままみたいな項目ばかりである。カナダの広大な国土の50％は森林で覆われ、地球全体の森の1割を占めているらしいが、その中には先住民や多くの動物達もすんでいる。日本の27倍もの国土にようやく3000万人の総人口、などという数字を見ると、それでも、やっぱり環境保全がトップに来るのか、と思わざるをえない。③や⑥などを見ると、カナダのような国でさえ、もはや子供や家族は外で遊ばなくなりつつあるのだろうかと意外に思うし、⑤を加えて見れば、まるで日本の厚労省や文科省が言いそうなことでもある。

さらにこの壮大なビジョンゆえ、こんなベネフィットもあるのだとばかり、次のような事柄が並べられている。

①ひとつのビジョンのもとにカナダ人が協働する、②子孫への遺産をつくる、③新しいコミュニティーをつくり、州をつくり、国をつくる、④カナダの歴史をつくる運動に参加できる、⑤カナダ統一のシンボルをつくる。

言うなればこちらの5項目がTCTの目的（ビジョン）であり、前述の7項目が使命、といったところだろうか。カナダ国民の80％までは、このトレイルから35キロメートル以内に住んでいるというから、このようなある意味で大変理想の高い運動がごく身近なものとして、それなりの支持を得ているのであろう。TCTのある理事が「多くの人達がビジョンを信ずるなら、それは実現する」と言ったらしい。国民の5％、150万人もの人数をボランティアに組織化しているのだから、さすがにそんな言い方もできる。

このトレイルをつくる実際の作業主体は、全国約800の地方自治体が行っているようだ。

つまりＮＰＯとしてのＴＣＴは、このコンセプトをつくり、広く全カナダに呼びかけて基金を立ち上げ、ボランティア運動を起こした。ＴＣＴというブランドを開発し、展開したというわけである。それに対し多くの個人や企業と自治体、州、連邦政府などがこぞって資金を出し合い、参画してきた、という図式である。

新しい観光ルートの開発というテーマでは、車を中心に考案された「景色の良い寄り道＝シーニック・バイウェイ」というコンセプトがアメリカでつくられ人気を博している。この考えが日本の国交省のある職員によって輸入され、「日本風景街道」と名称を変えられて、各地の地域観光振興策に用いられ始めているのはご存じのとおり。国が旗を振るのに対し地方が補助金目当てで手を挙げる、という例の形だ。ＴＣＴの場合は民間からの発案だし、何より車を排除したという点が、いかにもカナダらしいという評価につながる。単なるブランド・ビルディングという以上の崇高な理念が感じられて、さらにカナダのナショナル・イメージを補強する。つまり、カナダがもつある種の文化的な魅力（ソフトパワーと言い換えてもいい）を一段と高めている。あるいは国際観光市場において、これ単体ではそんなに高い経済価値をもたらすことはない、かもしれない。しかし、いわばカナダというブランドへの付加価値という点においては、アメリカにおけるバイウェイとの対比においていっそう、こちらのほうが輝いて見えるというのはひいき目すぎるだろうか。

各地８００のコミュニティーが参加というから、いわば平均20～25キロメートルの長さの、それぞれユニークな性格をもつトレイルがつながるわけで、これまた凄いお国自慢のモザイクでもある。全部で2000枚に上る、各地の自然や動物、歴史文化などに関する説明パネルが設置されるという。これをテーマ別に並べ替えるだけで、カナダの歴史や風物詩の本が何冊もできあがるに違いない。

昔の人が歩いた街道の復元は日本でも人気が高い。このアイデアを借用するとしたらどんな形が考えられるだろう。

（2007・10・1）

たった1本の木が生み出す価値

自然資本の生産力は50年で2200万円

昨年だったか、フィリピンのある自然公園で、そこの説明板を何気なく見ていたら、こんな解説が書かれてあった。

1本の木がもし50年生きると、それだけで、19万3250ドルの価値を生み出すのだ、と。これを2007年9月現在の日本円に換算すれば、およそ2200万円にもなる。この金額には材木としての木の価値なんかは、含まれない。緑陰をつくり、空気を冷やしてくれることや、目にやさしく美しい緑の価値や、場合によっては果物ももたらしてくれるかもしれないが、それらも含まれてはいない。単に、木が生きている間に生む価値、なのである。

その内訳と金額をメモってきたので、ご紹介する。

空気清浄機能……………………6万2000ドル

土を肥やし、土壌の浸食を防ぐ力　……………3万1250ドル
水をリサイクルする機能　……………………3万7500ドル
動物・昆虫・微生物などの住処を提供　………3万1250ドル
酸素をつくり出す機能（CO_2の吸収も）……3万1250ドル

これらの合計が、しめて2200万円也、というわけだ。たった1本の木が、50年で。そして、この数字を算出したのはカルカッタ大学のT.M.Das博士だと、クレジットが入っていた。

この説明を読んだときには、ふ〜んと思っただけである。そんなもんか、というくらいの印象でしかなかったのだがこれがあとになっていろいろなことを考えさせてくれるきっかけになった。

Das博士がどのような基準でこの数字をはじきだしたのか、シロウトには知る由もない。しかしながら相当な根拠に基づいているはずだし、だとするなら、こりゃ〜すごいことである。なんたって、シロウトは専門家が持ち出す数字にごく弱い。それでこちらも、自然や環境の話をするとき、これをそのまま使わせてもらうことがある。視点は新しいし、かっこいい。いちいちなるほど〜と、うなずけるではないか。あり得るわな〜と、思わせてくれるところがミソである。

今まで我われは、空気、水、地中の鉱物資源、森林、海など、そこにあるものを自由に使い

ながら生活してきた。こうした自然資源に対し、材料費など仕入れコストが必要なものとは、いちいち意識してこなかった。掘ったり獲ったりする人件費・諸経費は勘定に入れこそすれ、自然そのものはタダ、という常識だったのである。

ところが、それらは人間の手に触れられることなくそこにあるままで、日に日に価値を生み出してさえいる。そんな事実には、特に都会生活者などは無自覚である。縄文的価値観だとか、自然という資本が生み出す利子による生活、などという文言に接してはいたものの、ここまではっきり、木が生きているだけでなどと数値で示されたのは、ごく鮮やかな印象になった。

地球上のあらゆる自然資源は有限であり、持続可能という言い方には、博士の言うような数値や、タダではなくてきちんとした原価を意識しなくてはならない、という認識が不可欠のようである。さもないと自然界のなかで人間だけが勝手に、大切な資産を食い潰していってしまう。このままだと2048年には世界の海から魚がいなくなる、という研究者の発表まで現れた。

早いもん勝ち、あとは知っちゃあいない。そんな方向に流れがちな人間の生活態度に対し、博士の数値はその根拠など詳しいことはわからないままにも、自分にとって示唆に富んだ説得力を発揮した。

こういうことは自然や文化をメシの種にしている、旅行や観光産業に携わる立場の者にも十分当てはまる。どうしたら、このような資産を完全な形で保全したり、もっと良い方向に育んでいくことができるのか。観光客にはどのような説明の仕方で、それへの理解や参加を求めるのか。あえて観光資産というが、その資産と観光客の間に立つ旅行業の責務は、とりわけ重大である。

無責任な材木業者や、根こそぎ獲りまくる水産業者と同じような立場に、無自覚的に立ったままの旅行業者が、まだたくさんいるのではないか。

一刻も早く、そこからマジに経営を考え直さないと、社会的な企業としての存在はうたい難い。

（2007・10・15）

「気候の安全保障」という考え方

ツーリズムにも直結する温暖化対策

地球温暖化への寄与率につき、アル・ゴアは『不都合な真実』の中で次のような数字を挙げている。

米国30・3％、欧州27・7％、ロシア13・7％、日本3・7％、カナダ・オーストラリア3・4％、東南アジア・中国・インド12・2％、中東・中南米・アフリカ8・9％

おわかりのように、ざっと全体の8割が先進諸国といわれる地域によって占められている。CO_2などの排ガス規制に発展途上諸国が反発するのがよくわかる数字である。先進国が少し我慢してくれれば、後進諸国はもっと豊かになるための経済活動に専念できるではないか、というわけだ。エネルギーや食糧や水についてもほぼ同様である。豊かな2割の国や地域が8割を消費し、貧しい8割の国や地域が残りの2割であえいでいるのだから、すでに豊かな生活水準を享受する諸国は、そうでない国や地域に対して多少の配慮をする責任や義務があるだろうという、しごくまっとうな言い分である。

世界の軍事予算の6分の1、米国1国のそれの3分の1を割くだけで、地球上の貧困や環境問題のすべてが解決できるのにと、レスター・ブラウンは『プランB2・0 エコ・エコノミーをめざして』(ワールドウォッチジャパン)の中で述べている。

ほんのわずかな心構えと工夫がありさえすれば、たいていのことはそんなに大騒ぎをしなくたって何とかなるはずである。先に地球上の木をたくさん伐ったのは誰か、先に石油や原子力をじゃんじゃん使ったのは誰か。にもかかわらず、あとに続く国々が同じことをしようとすると、まかりならぬというのは全くアンフェアであり筋が通らぬと、多くの人達が抗議の声を上げている。飽食日本は6割もの食糧を輸入に頼りながら毎日、膨大な量を無駄に捨てているし、国民全体が太りすぎになって肥満亡国さえ心配される米国に至っては、まるでお話にならない事態にも平気である。

さらにアル・ゴアの本の中で面白かったのは、地球温暖化の原因については人間に責任があり、ただちにそれに対処する行動をとらねばならない、ということに関する反対議論についてだ。この問題以上に科学的な意見が一致しているのはニュートンの力学法則ぐらいなものであろうとして、ゴアは次のような数字を紹介している。

最近10年間の科学学術雑誌に掲載された論文からランダムに928本を選び調べたところ、温暖化の原因を疑うものの数はゼロ。まともな科学者はすべて、万有引力と同じようにその原因を認め、早急な対処を求めている。これに対し、ニューヨークタイムズなど一般マスコミ紙に掲載された同様の記事636本のうち、温暖化の原因を疑うものの割合は53％もあった。つまり、俗耳に入りやすいマスコミのレベルでは、石油や電力会社などが意図的に、温暖化を疑ったり焦眉の急を要することではないなどの論調をつくり出し、人々を惑わしているのだと、ゴアの分析は鋭い。

なかでも不埒な例として名前を挙げられているのはフィリップ・クーニーなるロビイストで、米国石油協会で温暖化に関する情報撹乱を担当したあと、なんとホワイトハウス直属の環境問題諮問委員会委員長に採用され、5年間も京都議定書に反対するブッシュの旗振り役を担い、2005年にさっさとまたエクソン・モービルに転職した男。こんな例がかつてタバコ業界にあったとゴアは指摘しているが、かの『沈黙の春』を書いたレイチェル・カーソンだってあの当時、化学農薬業界からのすさまじい攻撃にさらされたのは良く知られている。副大統領だったゴアも、米国社会の伝統的な手法によるなら、テロによって消されたって不思議ではないほどの圧力を受けているかもしれない。

最大の環境破壊である核実験やブッシュの戦争にクギ刺す意図からか、そのゴアさんがノーベル平和賞を受賞した。新聞は彼が気候変動を安全保障の観点からとらえ（Climate

Security)、温暖化は平和を乱すと警告したことを、ノーベル賞委員会が高く評価したと報じている。「地球環境問題は核戦争の恐怖に代わる世界共通の危機」であり、しかも時間的余裕もあまりない、というわけだ。

さて、旅行業界は現実の仕事の上で、こうした事柄にどう対処しようとしているのだろう。たとえば観光バスが排出した二酸化炭素を、それに見合った金額で埋め合わせるカーボン・ニュートラルという手法（利用者がそれに見合った金額を負担して植林などの費用に回す仕組み）の研究などに、手がつけられているだろうか。航空会社はじめ運輸・宿泊機関などと連携しながら、こんな方面にも配慮しなくてはならない時代が来ている。社会環境の変化はかなり急である。

（2007・10・29）

小笠原の歴史をちょっと紐解く

世界遺産候補地はこんな〝国際社会〟だった

東京都の小笠原が世界遺産の暫定リストに載せられ、3年後には正式に登録されるであろうという観測がなされている。

小笠原というのはその特異なロケーションにより、実にユニークな歴史を持つところで、自然のすばらしさ以上に興味を引かれる点が多い。現在、年間に観光でここを訪れる人は1万6000人ほどだが、名前のわりに小笠原の実態について知っている人は、旅行業界の中にもそう多くはないだろう。

小笠原諸島は東京から南へ約1000キロメートルの海上に浮かぶ、180ばかりの小さな群島である。北から聟島列島、父島列島、母島列島と、さらに250キロメートルほど南の火山(硫黄島)列島からなっている。これら全体が東京都の小笠原村なのだが、おもしろいのは、ここから700キロメートルほど南西にある無人の珊瑚環礁(気象観測所が置かれている)沖ノ鳥島と、東南東1000キロメートルにある一辺が1キロメートルほどの三角形の小島、南鳥島（自衛隊の基地がある）も、小笠原村なのである。したがって、小笠原とひとくちに言っても、この村が持つ排他的経済水域（EEZ）は、日本全体のそれの26パーセントにもなる広大な海域に及んでいる。

現在、これらの島々のうち、一般の人が住んでいるのは父島（約1900人）と母島（約500人）のみ、あとはすべて無人島である。太平洋戦争屈指の激戦地であり、日本軍2万人、米軍7000人が戦死した硫黄島には、現在、自衛隊員数百人が駐留しているだけで、一般の住民はいない。父島、母島、硫黄島のいずれも、広さは千代田区の倍（20～23平方キロメートル）くらいである。

16世紀から19世紀にかけ、オランダ、イギリス、ロシア船などの航海日誌などに、この諸島は何度も記録されているが、日本史にこの島が登場するのは1670年になってからである。阿波のみかん舟がここに漂着、八丈島経由で帰還し、これを受けた幕府は1675年に巡検航海を行って父島、母島などを命名、無人島（ぶにんしま、あるいはむにんしま）と総称した。ここから欧米の捕鯨船などがボニンアイランドと呼ぶようになり、地図にもその名称が定着したらしい。1727年になって小笠原貞任が、祖先の貞頼が家康の命によりここを探検し発見したと申し立てたが、これは嘘だとばれて重追放になった。

18世紀末ごろから、この海域には多くの捕鯨船がやってくるようになった。彼らのための補給基地をつくる目的で、5人の白人（アメリカ人など）に20人のカナカ人（なかば奴隷としての男女）が連れられて、ハワイから移住してきたのが1830年。太平洋の楽園ボニンという船乗り達の噂に釣られてと、歴史の本は書いている。それまでけっこう頻繁に日本からの漂着記録も残っているが、定住した者はいなかった。

1853年には例のペリー提督が、江戸へ来る前に沖縄からここにやってきた。彼の書いた『日本遠征記』が1860年に出されて、その中の記述に驚いた幕府は1861年に咸臨丸を派遣し、詳しい検分を行った。そして、ここが日本の領土であると主張する根拠に、前述の小笠原某のウソをマコトらしく援用したのである。以後、諸外国に小笠原がボニンと併用されるようになったとは、聞いてみにゃわからんウンチクであろう。

やがて明治になって日本からの移民が始まり、1876年に日本の領土と確定、1882年には〝欧米系〟全員が日本に帰化し、19世紀末に人口は5000人を突破するまでになってゆく。第1次世界大戦のあと、南洋諸島が日本の支配下になってパラオに南洋庁が置かれ、小笠原はそれらへの中継地となり、やがて要塞化され太平洋戦争を迎えることになる。これ以後も含めた小笠原の数奇な歴史、観光については、紙幅の関係もあり別稿に譲りたい。

しかし、アルフレッド・クロスビーが書いた『ヨーロッパ帝国主義の謎　エコロジーから見た10〜20世紀』（岩波書店）とか、ダニエル・ロング編の『小笠原学ことはじめ』（南方新社）を読むと、19世紀前半までの太平洋にやってきた欧米などの捕鯨船が、どれほど海賊まがいのやりたい放題をやっていたかよくわかる。上記小笠原学から一例を挙げると、1849年、明治維新の少し前にボニンへ来たメイド・オブ・オーストラリア号やセント・アンドリュー号の船員達は、貨幣、家畜、肉、油、衣類、薬、そして女までを、「奪う事のできるすべての移住者から奪った」、などと書かれている。

1830年から数十年間の小笠原で話されていた言葉は、20ヵ国以上からの人々により、かなりな訛りの英語を中心にミクロネシアやポリネシア系ほかが混じりあったもののようで、研究員はボニン・クレオール英語と名付けている。小笠原の歴史は、完璧な国際化社会から始まっているのである。

どうです、世界遺産登録を前に、小笠原に少しは興味が湧いたでしょう。

（2007・11・12）

ぜひ一度、エコツアー体験を

代表的な16とおりのエコツーリズム手引き

地域の自然やその中に住む人々の暮らし・文化を守り、育て、磨き上げる。

自分が住んでいるところへの愛、誇り、将来への確信がなくてはできない作業だが、日本の各地でそうしたいろいろな動きが生まれ、地域から外へその様子が発信されることによって、観光客が少しずつでも増えてくるようになる。外からのお客が増えると結果として経済効果が生まれ、地域社会の活性・振興につながる。それがまた、自然や文化の保全・磨きに還元され、より望ましい循環、円運動に弾みがついてゆく。

世にエコツーリズムと呼ばれる考え方や運動を、ざっと説明するならこんなところだろうか。いわば、地域の自然や文化環境を守り育てることを最優先にした、地域の人の手による、地域のための、自律的な観光のあり方、と言い換えてもいい。

そして、地方自治体や地域住民、ＮＰＯ、観光事業者などが中心になり、そこならではの新しい観光のあり方を考えよう。旅行者や研究者の視点も大切である。環境や歴史・文化に対する教育、観光客受け入れに際しての枠組みやルールも、きちんとしておかなければならない。こうした事柄を幅広く話し合う場として、各地にエコツーリズム推進協議会をつくろう。これを環境省をはじめ国交、農林、文科など各省が支援する――というのが、今年制定されたエコツーリズム推進法の骨子である。

日本の旅行業界の中でエコツーリズムというコトバが使われ始めたのは、およそ20年近く前になるだろうか。日本エコツーリズム協会（JES）が立ち上げられたのが1998年だから、こちらは来年でようやく10周年である。初めのうちは「エコツーは商売にならない」というのが異口同音に語られた反応だったし、今でもそういった捉え方をしている人は少なくない。しかし、世の中がどんどん地球環境を重視しだしたせいもあり、サステーナブルとか次世代継承型というより大きなくくりのなかで、マスツーリズムの中においてさえ、エコツーリズムの考え方をこれからの商品や業務に取り込んでいかなくてはならないとする雰囲気が感じられるようになった。観光が環境の敵、などとされたのでは元も子もないからである。

といったように、エコツーリズムというのは基本的な考え方だ。では、エコツアーというのは何かというと、両者とも同じような使われ方をされていてそれは構わないのだが、こちらは具体的な旅行商品であり、①少人数、②ゆっくりした日程、③静かに、④なるべく歩く、あるいはカヌーや自転車などの利用（エンジン付きの乗り物利用を最小限に）、⑤解説者が付く、などが形の上の諸条件となる。なかでも優れた解説者（インタープリター）がキーであることは言うまでもない。彼あるいは彼女は、見る、聞く、味わう、嗅ぐ、触れる、感じるなど、客の六感を総動員させて、驚きや発見、知的興奮と楽しみをもたらし、対象を理解させる役割を担う。

このために、前述の①②③という条件が必要なのだが、野外において風の音や鳥の声を楽しむためにも、静けさが大切にされている。

しかし、旅行業界の中においてさえ、実際のエコツアー体験者はそれほど多くはない。具体的な、良い手引きがなかったせいかもしれない。それではというわけでもなかろうが、つい最近、岩波書店から『日本エコツアー・ガイドブック』という本が出版された。沖縄の南大東島から北海道の知床まで、全国16地域のエコツアーサイトが紹介されている。

この本の秀逸なところは、各地エコツーリズムの核になっている人物17人に焦点を当て、彼らのエコツー観、というより価値観や使命、生きがい、地域への愛や誇りなどを語ってもらいながら、優れたインタープリターでもある彼らがつくり上げたエコツアーを紹介している点だ。つまり、要を得たガイドブックであると同時にヒューマン・ドキュメントであり、最も現場に即した、現代日本の代表的なエコツーリズム17の知見に接することができる。

たとえば、西表島の石垣昭子さんのこんなせりふ。「目に見えるものは、たくさんの目に見えないもので支えられているんです。西表島を伝えるには、その『見えないもの』が理解できないといけない。その目を育てることが、私の役割だと思っています」。

著者の海津ゆりえさんは文教大准教授であり、長く資源デザイン研究所を主宰してきた農学博士だ。ＪＥＳ理事も務めて多忙の中、3年がかりでこれを書いたという。エコツー分野によく知られた草分けだが、この本によってまた彼女の20年に及ぶ活躍ぶりも見えてくる。
各地のすばらしい自然や文化とともに、それぞれの個性あるエコツーリズムとツアーを、とても素直に理解させてくれるので、読んだら、とにかく一度、体験してみてもらいたい。

（2007・11・26）

フットツーリングという旅の形

究極のスロートラベルは環境にもやさしい

つい最近の当欄でカナダ横断1万8000キロメートルの遊歩道の話を書いた。（P36参照）8000に及ぶカナダ各地のハイキング・ルートをつなぎあわせ、20年がかりで全州をくまなくカバーした「トランス・カナダ・トレイル」をつくるストーリーだ。念のために言うが車道ではない。ところが日本にも同じような考えを持つ人がいて、九州の神崎鼻から北海道の納沙布岬までの「日本大陸横断歩行ルート」を設定する、というアイデアを温めている。だったらいっそ一番南の与那国や波照間島まで、あるいは小笠原諸島までも、海を越えて延ばしてもらいたいが、それはそれとして、この山浦正昭さんが提唱している「フットツーリング」なるコンセプトをご紹介したい。

山浦さんは歩くことに半生をかけてきたみたいな人で、今までおよそ30年間のうちに、日本、ヨーロッパ、ニュージーランドまで、3万キロメートルもの距離をてくてく歩き、旅してきた。

そして、その都度実にこまめに、自分の手書きのイラスト入り旅行記をまとめ出版されたり、とてもきめ細かな手づくり冊子を出されたりしてきたので、ご存じの方が多いかもしれない。(『歩く旅 歩く道 歩く人』=実業の日本、『カントリーウォーク』=NHK出版、『「歩き」の文化論』=経済界、など多数)。

それで、彼の日本におけるフットツーリング・ルート案だが、まず日本各地を輪切りにするように横断するルートをいくつも設定し、それを最終的には1本につなげるというのだ。もし、これが日本の47都道府県全部をつなぐということにでもなったら、カナダならぬトランス・ニッポン・トレイル風になって、1万キロメートルぐらいの遊歩道ができあがるかもしれない。なんだか面白そうな気分になってくる。たとえば山浦さんは最近、小海線の海尻駅から清里駅までを3日間かけて歩いたが、八ヶ岳、南アルプスや富士山を遠くに眺めながらのすばらしい景色のコースは、ヨーロッパにも数少ないのではないかと言っている。おそらく日本全国をくまなく歩いてみれば、それぞれお国自慢のこうしたコースに枚挙の暇もないだろう。

歩く旅のコース設定に当たっては、風景の美しさに加えて、歴史や文化などの要素も重ね合わせた厚みのあるものであることが大切で、そのための詳しいガイドブックをつくりたい。日本では一般的な観光ガイドや登山ガイドは充実しているが、里のガイドは貧弱である。足で歩き回って里の魅力を引き出すガイドマップづくりは、単に歩く人のためだけでなく、地域活性化・地域再生への起爆剤として効力を発揮するだろうと山浦さんは言う。そのため、今までのような1枚の地図で済ますのではなく、季節やテーマ、歴史や天候にまで合わせてさまざまなバリエーションのマップを、多くの人の参加によりつくりたい。それも彼の歩きがいであり、大きなやりがいになるのだと。

おそらく、日本の各地に同じような考えを持つ人がたくさんいるに違いない。そして、それぞれのアイデアを出しあい、うねうねと遊歩道をつなぎあわせていって、それらが何十年か先に1本のトレイルとして完成、などということになれば面白い。たとえば四国の八十八箇所巡りというお遍路さんの道だって、とても奥深い魅力をたたえているし、このようなルートは全国各地にいっぱいあるだろう。車のための道路はもうつくりすぎるくらいつくった。これから半世紀ぐらいかけては、全国の昔の街道を再発掘したり、車道とは別の遊歩道をコツコツつくるというのも、けっこう気が利いている。

「フットツーリングは足が動力なので、ガソリンも消費しませんし、排気ガスで大気を汚染することもありません。道に段差があっても、多少の障害物があっても、道が細くなっても前に進むことができます。陸地ならそこが地の果てであっても、たどり着けるのがフットツーリングの強みです。歩く速さは1時間で2キロメートル程度です。とてもゆっくりで、ブレーキなどかけなくても止まれますから、めったに交通事故に遭わない。安心安全です。それに、大地に直接足をつけて進むので安定感もありますし、足元の草花も近づいて見ることができます。土地の人との偶然の出会いやふれあいが生まれ、こうした時間が旅の喜びを一層増してくれるし、忘れられない思い出として残ります。逆説的に言うなら、良い出会いが生まれるから、歩いて旅をしているとも言えます」

というわけで、彼の歩く旅30周年を記念した『フットツーリングのすすめ』という本が出る。ちょっと最近、旅行企画のアイデア枯渇気味の諸氏は、これを参考に少し気合いを入れ直してみたらいかがか。申し込みは山浦さん宛て、FAX03・3627・4116まで。

（2007・12・10）

秘湯の旅館を訪ねてみたら

インターネット情報と現実のギャップ

10人ばかりの古い友人達と、忘年会を兼ねて温泉にでも行こうということになった。ずいぶん昔、同じ面々で丹沢の〝信玄の秘湯〟なるところに行ったことを思い出し、またあそこで牡丹鍋でも食べようかと、その旅館を予約したのである。何人かがホームページでチェックしたところ、当時と同じ心地よさそうな露天風呂の写真も載っている。料金は1泊2食付で1人1万5００円。この料金だから風呂と鍋だけで、それ以外のことに大した期待はない。昔、そこへ行ったときには追加注文で鹿の刺身があり、それもとてもうまかった。

12月中旬の良い天気、何台かの車に分乗して出かけた。懐かしい旅館に着いて玄関を入ると、空気がひんやりとしている。外でお日様に当たっているほうが、ぽかぽか暖かいのである。フロントには人影が見えず、全体的にシンとしている。登山靴が10人分くらい並んでいるから、丹沢帰りのハイカー達も泊まっているようだ。タバコの自動販売機は故障中で、黄色くなった貼り紙がはがれかかっている。も〜し、と案内を請うと、ややあって女中頭かと思しき人影が現れた。ちょっとくたびれた感じで、もしかするとおかみさんかもしれない。建物はすっかり古びており、歩くとギシギシ音がする。老朽化した渡り廊下の部分には、壁にわざわざ貼り紙がしてあり、5人以上この上に乗らないでくださいと書いてある。床が抜けるから注意せよというのだ。部屋の畳も、歩くとところどころ沈下する。一同いささか鼻白んだのは、致し方ないところであろう。

ともあれ、せめて風呂に行くべしと、宿帳を持って現れたおかみさん風に露天風呂はと聞けば、彼女はうろたえる風もなく「露天風呂に落ち葉がたくさんたまって、お湯を送るモーターが故障しちゃったんです、すいませんねぇ」と言った。いきなりおっとっと〜、という按配だったのだが、旅館からすぐのところに町営の大露天風呂という表示が出ていたのを思い出し、やれやれとばかり、打ち揃ってそこへ出かけることにした。

しかし、風呂と鍋が目的でやってきたのに、その風呂がないっちゅうのはいかがなものか、せめて町営風呂の入浴料金くらい、この旅館に支払ってもらってしかるべきであろうと主張する者がいて、それもそうだということになり、くだんのおかみさん風に交渉してみたが、それはできませんという。一同かなり釈然としないまま、糊の利いていないへろへろの浴衣をまとい、しおしお町営温泉に出かけた。ところが着いてみるとそこの受付で、ただいま旅館さんからお電話がありましたので、おひとり様700円のご入浴料金はお支払いいただかなくて結構です、というではないか。やっぱしな〜、そのくらいはあたりまえだよ〜と、一同やや機嫌をもちなおしたのであった。

ご夕食は6時からどこそこの間で、というので出向いてみると、くだんのおかみさんがたったひとりで皿を並べている。形どおり、てんぷらはすっかり冷え切っており、期待の牡丹鍋はと見ると、めいめいの前にちんまりと小鍋が置かれてあって、イノシシの肉が豪快に盛り上げられてあったはずの、かつての大皿は姿を消している。ヤマメの塩焼きが一尾ずつ、これも何時間前に焼かれたものかわからない。おかみさんは、宴会終了は9時半ですから、ご飯はここにあります、カラオケは3000円です、昔のいい歌がたくさん入ってますからねぇなどと余計なことを言い、どうぞご自由にと、引っ込んだままお終いまで顔を見せることがなかった。

しかたなく部屋備え付けの冷蔵庫からビールを取り出そうと開けると、内部の棚の隅にカビが生えている。部屋の温度も寒々しくて、古びたエアコンからはブーンという音だけがかまびすしい。廊下へ出ると箱根の山の冷気がしみとおっている。ここは全館冷房らしいぜ、と誰かが言った。カラオケにとっかかってはみたものの、意気上がらぬことおびただしい。宿の小さな風呂で体を温め、布団にもぐり込むしかないという丹沢の夜は、お世辞にも我われの期待に沿うとは言い難いものだった。

翌朝、同じおかみが7時に起こしにきた。8時からの朝食は、また彼女がひとりですべての準備をしてくれている。ほかの人の姿がない。布団の上げ下げも彼女がした。もしかして、この宿は彼女がひとりで全部をやっているのか。チェックアウト時のやけに明るいおかみの声に、皆がそう理解せざるを得なくなったとき、町営温泉代1人700円を払わせたことを、一同なにやら後ろめたく感じ始めていた。残念ながらこの旅館、もう一年はもたんぜと誰かが言うと、全員がうんうんうなずいた。

というわけで、このお話は次回でもう少し続けたい。

（2008・1・21）

消費者という名のメディア

顧客の連鎖はプラスにもマイナスにも

さて、前回の「信玄の秘湯」旅館ストーリーの続きである。

かつての日本には、旅の恥はかき捨てという台詞や、おみやげ物の上げ底などといった現象がセットで常識化されており、これは時として現在もまかり通っている気配がなくはない。お互いにこれっきりで、あとは知ったこっちゃないという、え〜じゃないか時代、おかげ参り時代の名残かとも思われる。ここには相互不信の悪しき相関関係があるのみ、双方ともに顧客満足などという言葉の発想すらなかったに違いない。つい最近の新聞報道に、草津温泉に来る観光客の実にひどい行状が載ったことや、今だに前回ご紹介したような秘湯旅館のすさまじい実態などを見ると、日本の観光文化も未だし、という感を強くする。旅館と客の関係はちゃんとした商取引であらねばならない。である以上、ここには相互の信頼関係が下敷きとならない限り、望ましい取引は成立しようがないであろう。

恥ずかしながら、自分でパンフレットやインターネット情報から旅館を探して、成功したためしがない。写真の美しさや美辞麗句に期待を持たされて出かけても、その実態が期待を上回ったことがないのである。結局は友達などの体験情報以外に頼るすべがない。すぐばれるばかりなのに、どうしてこうも実態とかけ離れた写真でイメージアップが図れるのだろうと、あきれてしまうところ枚挙の暇なしなのだ。昼間の風景ではどうにもならないところなど、夜の火影を美しく撮ってある。俗に〝夜目遠目傘の内〟とはいうものの、見合い写真をいくら修整してみたところで結果オーライにはならず、かえって悪印象によるギャップを深めてしまうにすぎない（そういえば、見合い写真と一緒に回す経歴や家系を〝釣り書き〟とか〝吊り書き〟と言い表すのは、そんな意味合いを皮肉っているのであろうか）。お客が到着するまでの期待度についてこそ最大化を図りこそすれ、釣り上げてしまえばあとは手前勝手なおもてなし、客側の都合など省みることがない。本来の満足度など、どこ吹く風なのである。

こんな一過性の商売をしていたのでは常に新しいお客を探さねばならず、これはマーケティングの視点からしても一番高くつく。一説に、新規顧客の開拓は反復顧客の積み重ねに比べ4倍のコストを要するといわれる所以だ。一人ひとりのお客は、良し悪しをはっきり確実に周辺に伝えてくれるメディアである。つまり、公正な評価をタダで宣伝（あるいは反宣伝）してくれる、きわめて感度の高い広告媒体と考えなくてはならない。この「顧客という名のメディア」によるプラス評価の積み重ねこそ、ブランドあるいはのれんを裏打ちし、育ててくれる、まともな商売にとって一番肝心なことなのである。

ひるがえって、高級旅館とされるところへ行っても、おかみさんの慇懃に過ぎるあいさつに、違和感を覚えさせられることが少なくない。いかにもというわざとらしさに、もっと素直なホストとゲストの関係でいいのでは、と思わせられる。望ましいもてなしとそれに応える勘所というなら、親しい間柄で自宅へ招く招かれるという程度の、さりげない気遣いあたりが自然でいいのではなかろうか。

お客というのは、よほどのことがない限り直接文句など言わない。その場は黙って出てゆき、けっして戻ってこないだけである。こなれた客ほど、この傾向は強い。文句をつけたところで、かえって自分の不愉快な思いを強めるだけのことが多いからだ。ここらあたりのわきまえを欠いたまま、いくらブランド広告なんかに資金を投入しイメージアップを図ったところで意味はない。あらゆるサービスを、自分が客の立場に立ったらどうなのか、といった点から見直してみる以外、望ましいブランドのメンテナンスなどできるはずがない。

広告宣伝やPRにおいて、少なくとも実態とはそれほど違いのない、なるべく客観的なイメージ写真の使用と、現場では自分が客の立場だったらどうだろう、というところからのサービスの見直しが求められている。現実が期待を下回るから不満足が生まれることを思えば、いたずらに期待値をふくらませてしまうのは逆効果であろう。あるいは、心のこもらない料理の数合わせより、「ご飯、味噌汁、漬物」といった基本的なところに十分な配慮あるべしである。何気ない醤油や塩にも気を使いたい。秘湯の素朴さや低料金をうたう場合こそ、こうした原則はきちんと守っておくべきで、旅なれた客ほどこうしたことを評価する。安かろう悪かろうは、もはや通用しない時代なのである。

顧客の連鎖をマイナスからプラスに転化すること。お金をかけることなくできる細かな配慮や改善点が、無数にあるところに気付かねばならない。あるべき「目標」、良い「執念」、そしてこれだけはという「誇り」、が必要なのかと思われる。

（2008・2・4）

いつか行きたい一生に一度の旅

アメリカの旅行雑誌が選んだ「ベスト500」

２００７年の12月に、日経ナショナル ジオグラフィック社から、『いつかは行きたい 一生に一度だけの旅 ＢＥＳＴ５００』という本が出た。俗に言う「ナショグラ・トラベラー」からの日本語訳で、Ａ４判よりやや大きめ、総ページ数４００のオールカラーという、持ち重りがする豪華版である。

全体は９章に分けられていて、ページ数の多い順に紹介すると、地球の散歩術、スポーツの旅、水上の旅を楽しむ、ドライブの旅、文化に親しむ、鉄道で世界絶景めぐり、歴史を味わう、世界の美食を求めて、空からの眺めを楽しむ、の９テーマからなっている。

それぞれの章の中に、ナショグラが世界中から選んだ、何十ものすばらしいシーンが１ページずつ、美しい写真とともに紹介されていて、眺めているだけで楽しい。アームチェアー・トラベラーを決め込むにも最高である。そして各章の中にさらに、22のカテゴリー別トップ10が見開きでリストされている。言ってみれば思いつきとお楽しみの、SITテーマ別ランキングというわけだ。本の売れ行きを考慮した、最大公約数的な選定でもある。

歩く旅の中には、長距離トレッキングをはじめとして、なんと地下世界探検の旅、橋を渡る、ショッピングの旅、城壁の散歩、という5つのトップ10があり、名峰富士山に登るというページもちゃんとある。スポーツの旅部門にはラフティングとサイクリングルートの10傑。水上部門には運河の旅が、ドライブ部門には古代の道トップ10というのがリストされており、この中にわが中山道が入った。そして、なんと日本最古の道として、大阪と奈良を結ぶ「竹内街道」が紹介されている。知らなかったな〜。

次に文化の旅のページには「歌舞伎座の愉しみ」、「古都・京都の魅力」が紹介されている。ここでのトップ10は歴史散歩と過去への旅という2つのカテゴリー。鉄道部門には蒸気機関車の旅と路面電車の旅おのおのトップ10、「新幹線で京都から東京へ」というページもあるから、JRの諸君もよかったではないか。歴史部門には「探検家の足跡をたどる冒険の旅」と、面白いことに「映画の舞台」トップ10があって、わが東京も「ロスト・イン・トランスレーション」「キル・ビル」「007は2度死ぬ」、のおかげでここに入った。

美食部門ではなんと、「東京のデパ地下でお買い物」、「極上の寿司を求めて」が紹介され、トップ10の欄には「食を愉しむ旅」と「イタリアワインの名産地」。最後の空からの眺めには「ロープウェイとケーブルカーで見る」、「エレベーターで昇る」という絶景ランキング。

本の体裁といい、編集の仕方といい、いかにも米国人好みの按配になっている。へぇ〜と思ったのは、地下世界探検トップ10の第4位に、ヴェトナムの昔でいうサイゴン、今はホーチミン市郊外にある「クチ・トンネル」がランクされていたことだ。ご存じの方も多かろうが、このトンネルは1965年から75年のヴェトナム戦争当時、米国軍に抵抗するためジャングルの中にヴェトコンが手で掘った、全長200キロメートルにも及ぶ、迷路のような地下壕のことだ。彼らはこの中で生活しながら、強大な米軍によるナパーム弾や猛毒枯葉剤爆弾のすさまじい空爆に耐え、あるいは海兵隊に対し果敢なゲリラ戦を挑んだ。

戦後30年を過ぎた今、ヴェトナムを訪れる米国人の数は年間50万人を超えて外客のトップである。かつての米軍兵士達もまたこのトンネルを訪れ、当時の自分、50万人を超えた友軍の死傷者、自分達と戦って死んだ300万人のヴェトナム人に思いを馳せている。

話を戻すと、この500選はいろいろなヒントに満ちている。旅行業関係者のベテランであればまず、自分がこの中の何ヵ所へ足を伸ばしているか数えてみるであろう。比較的若い諸君なら、ここととここはぜひ押えたい、と思うに違いない（もしそう思わない人がいるなら、旅行業なんかさっさとやめたほうがいい）。こんなところがあったのか、と思わせられるところもまたいっぱいある。500選のなかに入れられているSITカテゴリー別トップ10も、何かと面白い。それぞれ、自分だったらここを入れる、あるいはこんなところを漏らすなんて一体なんたること、と思う向きも多いに違いない。

おのおのがこうしたくくりを参考に、自分なりのトップ10や、また別のカテゴリーを考えることもできる。少なくとも旅行業の、なかんずく企画担当者諸君は、この本に投資して手元に置き、ためつすがめつ、してもらいたい。手練のお客さんは、もうすでに入手しているであろう。なに、予算的にはごくわずかで、たった飲み屋の2回分ていど、安いものである。

しかし、だ。わがＮＩＰＰＯＮからの５００選入りは、結局のところ東京、京都、富士山、新幹線、竹内街道と中山道、歌舞伎、そして寿司にデパ地下。これって、どうよ。

（２００８・４・14）

第2章
観光・旅行産業と明日への技法

「着地型」態勢をどうつくるか

自律的ビジネスチャンス創出に向けて

「ようこそJAPAN」のキャンペーンが始まって3年目、いろいろなところでインバウンド観光の話題が語られるようになってきた。つい先日行われたJATAの「ワールド・トラベル・フェア」でも、インバウンド商談会が併催され、日本各地からのサプライヤー（旅館などの受け入れ側）と世界からのバイヤー（旅行会社など日本への観光客の送り手側）、それぞれ300人前後が一堂に会し盛況だったと聞く。

ところで、国としてのインバウンドの数値目標は2010年に1000万人だというが、こういう数のひとり歩きはいささか心もとない。1000万人の外客受け入れ国は現時点で見るとマレーシア、タイ、オランダあたりの数字である。5年後にはこれらの国々はもっと上へ行くであろう。ちなみに、国連の常任理事国という国々のレベルは軒並み外客受け入れの上位に並んでいて、中国は3300万人、英国が2500万人。外国人の受け入れ力というのは一種の文明力であり、いわゆるところのソフトパワーだから、日本が常任理事国入りを狙うのであれば、冗談抜きで、将来的にはせめてドイツやカナダ並み、あるいはもう少し上の2000万人くらいを確保できるようになる必要があるのではないか。しかし私としては、現時点でやみくもに数値目標を言うのに賛成ではない。多くの人々が指摘しているように、手をつけなければならない点があまりに多いからである。これについては、いずれ別のところで触れる機会があるだろう。

というところで、これからのインバウンド、といっても日本の各地域にとっての、国内市場を想定したインバウンドについて見てみたい。もちろん、その延長線上には外国からのお客様があるわけだが、あえて国内の、着地型来客観光に着目する。

国が観光立国という旗振りをしてくれたお蔭で、多くの地方や自治体が「観光」を言い始めた。いわゆる地域振興の新しい手段として、かなり観光に期待がかかっているのである。ところが、ひとくちに観光といっても、何を、誰に、どう売るか、というのは簡単ではない。特に今まで知名度が高くなかった町や村が観光で地域おこしを図ろうにも、マーケティングのどこから手をつけていいかわからない。第一、着地型ということになると、頼りになるはずの旅行会社はさっぱり役に立ってくれない。彼らの持つ機能はといえば、一般的に地域の人々を外へ連れ出すアウトバウンド専用だからである。

もうひとつ、各地には数多くの観光協会や観光案内所というのがある。しかし、これらのほとんどは、単なる地域の旅館などのパンフレット置き場になっている。とても外へ打って出て、観光客を引っぱってくる機能を備えてはいない。県の観光課まで行ってみても、たまに「ミス○○」なんかを連れて首都圏を歩くぐらいで、「観光」の掛け声の割には具体的なマーケティングができない（ケースが多いような気がする）。

地域が自分達で観光振興を考えるというのは、北大大学院教授・石森秀三さんの言う「自律的観光」ということである。今まで各地域は、他人がそこを売ってくれることに頼っていた。他人の望むように振る舞い、要求に応え、サービスを提供してきた。しかし自律的な観光というのは、自らがすべてをコントロールできる観光ということである。自分達が自分の地域を「商品」として再発見し、磨き上げ、想定した市場に売り出してゆく。他人からのコントロール（他律）から脱する、自らの手による自らのための観光を指している。シニカルに言うなら、かつての他律的な観光のお蔭で、日本中の観光旅館はどこでも同じような、冷めたテンプラとマグロの刺身を出すようになった。

そこで、いろいろな地域が今後、自分達の手で観光を目論む場合の具体的な手立てを2つ、すすめておきたい。

ひとつは、そこの地域の魅力を選び出し磨き上げるために、地域住民、観光業者、行政、研究者、旅行業者の5者による協力態勢をつくることである。今までの観光は、上記のような各主体がバラバラに動き、必ずしも当事者としての地域は、ほとんど当該商品あるいはその構成に関与していなかった。

もうひとつのポイントは、地域の観光業、行政と観光協会、そして旅行業者が協力し合い、その地域のインバウンド旅行社（オペレーター）をつくることである。このオペレーターが中心となり、マーケティング上で言う商品づくり（もちろん手配機能がある）から販促、流通まで一手にやる。つまり、上記の「お宝さがし」作業をもとに、次はインバウンド・オペレーターが自律的に地域の諸活動をコントロールする、という新しい地域観光の仕組みである。

次回から、以上のような観光による日本各地の取り組み・挑戦を、いくつか紹介していきたい。


（2005・10・17）

自律的観光へ南信州の挑戦

160種類の「ほんもの体験」プログラムつくる

長野県は南北に長い。その一番南にあたる飯田・下伊那地域を南信州と呼んでいる。昔はよく伊那谷と言った。しかし谷というにはあまりに大きく、むしろ盆地と見る方がふさわしい。その中央を、諏訪湖から流れ出た天竜川が浜松方面へと下っている。東側には静岡県との境をなす南アルプス連峰が並び、西側にそびえる中央アルプスを越えれば木曽谷である。

この南信州が、環境教育、グリーンツーリズム、あるいはエコツーリズムの分野で最近よく話題に上るようになった。

長野県全体で見ると観光客の入り込みはけっこう活発で、年間1億人近くにも上るとされているが、南信州へはそのわずか5%ほどしか来ていない。有名な観光地を多く抱える北信・中信に較べると、かなり影が薄かった。観光客の多くは中央道を通り、南信州を通過してしまうのが常である。何とかこの足を止め、飯田・下伊那に滞在してもらう手はないものか。

ちょうど今から10年前、修学旅行の分野で体験学習型という新しい教育旅行のあり方が言われ出していて、飯田市の観光課はこれに対する取り組みを始める。伊那谷の雄大な自然を舞台に本物の農業体験はいかが、とパンフレットを持った観光課の職員らは都会の旅行会社を回り、修学旅行のセールスマン達を口説いた。

努力の甲斐は徐々にあらわれ、96年度に3校の誘致に成功、以後5年目の２０００年度には71校にまでなった。すると、この成功を聞きつけた全国の自治体などからの視察も増えて、80を超える団体がやってきた。

「この時代に、この場所で、この場面でしかできない体験。その地域の人々がかかわることにより、その人の誇りを伝え、生きざまに接するような体験」

この理念のもとに飯田市は01年度、周辺の17町村に「観光を切り口に地域振興を行う株式会社」の設立を呼びかけ、これに応じた町村と観光関連企業と共に「株式会社南信州観光公社」の立ち上げに成功した。スタート時の資本金は飯田市が３００万円、町村が３５０万円、民間企業は約20社ほどで１３９５万円。社長は当時の飯田市長の田中秀典さん、従業員は3人だった。

以後の5年間で公社による修学旅行の扱いは年間１１０校を数えるほどとなり、その他の扱いも増えて、単年度の黒字計上が見込まれるところまできている。

このような流れをつくり出した仕掛け人は、現在全国に幅広くその活動を広げている体験教育企画の藤澤安良さんと、飯田市観光課の竹前雅夫さん。それから、農政課にあってグリーンツーリズムの方からこれをサポートした井上弘司さんのコンビであったことはよく知られている。
言ってみれば、この観光公社は南信州という地域の「インバウンド・オペレーター」である。一般的な観光地としては無名に近い飯田・下伊那のあたりへは、待っていては客は来ない。地元の旅行会社は、地域の人々を外へは連れていってくれても、外から人を呼んできてはくれない。仮に外から人がやってきたとしても、田舎における体験プログラムや農家民宿など手配する機能がない。

南信州観光公社は手づくりで、自然体験、環境学習、農林業、スポーツ、味覚等々のプログラムを160種類つくった。宿泊できる農家を350軒組織することにも成功した。だから、数百人の修学旅行が団体でやってきても、地域全体で細かく受け入れることができる。これらの動きをすべて観光公社がコーディネートする。

しかし〝ほんもの体験〟をきちんと伝えるためには、専門家によるガイダンスがきちんとなされなければならない。そこで飯田市は「緑の基金」というNPOをつくり、エコツーリズム・環境・教育の面からの人材教育にも乗り出した。市では受けにくい県や国からの補助金をこれによって受け、地域の理解とレベルアップも志向している。

ついこのあいだまで多くの人は「ここには何もないから」と、観光など考えてもいなかった。しかし藤澤さんは、「ハコモノで人が来る時代は過ぎた。これからは地域の環境そのものがテーマパークだ」と言い切っている。

ところで、南信州の成功は実のところ「人」にある。田中市長は前記のキーマン達をほぼ10年、異動させなかった。商品、販促、流通に、同じ人が持てるエネルギーと能力を継続的に注ぎ込めたし、「最初の理念をつぶさなかったから」成功したと、関係者は口を揃えている。

さて彼らのこれからの課題は、客層を修学旅行から一般へどう広げていけるか、にかかっている。

（2005・10・31）

地域おこしとエコツーリズム

身体に刻み込まれる「ほんもの体験」を

日本の各地で少しずつではあるが、自分達の力で、地域の持つ宝を掘りおこし、新しい形の観光産業を立ち上げようとする動きが見え始めている。その土地ならではの「ほんもの体験」を楽しんでもらうのだという。

立教大学の安島博幸さんは、観光対象に対するイメージ・認識の生じ方について、「身体的な記憶に由来するもの」と「言語的な記憶に由来するもの」のふたつに分け、これを説明している。

身体的な記憶とは、身体を動かすこと、五感を働かせること（味わう、嗅ぐ、聴く、視る、触れるなど、人間の感覚を総動員する）により、身体に感じる快感を伴うことだという。言語的な記憶とは、行った・見たという、いわば名所旧跡めぐりの言語的認識が先行する、おそらく動物とは共有しない人間だけが持つ言語化能力に起因するもの、としている。そして後者は、人間の欲望の源泉である「差異化」という面からすると、すぐに飽きられ、価値を失ってゆくことにつながりやすい。ところが前者は、差異化による価値とは無関係なので、飽きられることが少ないということのようである。(『文明の磁力としての観光立国』日本経済研究センター刊から)

そういえば、中国のことわざにも「聞いたことは忘れる、見たことは記憶する、体験したことは理解する」というのがあった。つまり、ほんもの体験というのは、安島さんのいう身体的記憶のレベルに、その地域において過ごした時間、したことを刻みつけてもらおうということであろう。

前回当欄で紹介した南信州では、ほんもの体験ということについて、「たいへん、むずかしい、時間がかかる、あぶない、不便・非合理、原始的・旧式」などであり、仮想現実の世界ではないと断っている。そのうえで、修学旅行の子供達などを目的意識的に農山村に滞在させたのである。

伊那谷から木曽谷へ行くには大平峠を越えてゆく。この峠にあった大平集落は1970年に廃村となった。ここの廃屋農家に子供達が泊まり、自炊し、自然の体験活動をするプログラムがある。都会の子供達にとっては、真っ暗な夜の体験というだけで相当なショックらしい。旧式のトイレでは思うように便も出ない。蚊・ハエ・虫に大騒ぎである。しかし、「こんな単純な環境の変化だけで子供達は確実に変わった」と、東京・渋谷区から何年も南信州へ子供達を引率してきた、中幡小学校長の杉原五雄さんは感慨深げだった。

南信州はこうした自然体験学習のほか、農繁期に一般の人が農家に泊まって農作業の手伝いをする「ワーキング・ホリデー」とか、地域づくりのコーディネーター養成を狙う「あぐり大学院」、さらにこれら新しいツーリズム運動を広げてゆくための「南信州ニューツーリズム・カレッジ」構想など、次から次へといろいろなアイデアを打ち出している。

特に飯田市は、エコツーリズムにも熱心に取り組んできた松本大学の佐藤博康さんなどの協力を仰ぎ、地元の人達が一緒になって研究委員会をつくり、数年前から意欲的にこの地域におけるエコツーリズムの普及促進をはかっている。地元の『南信州新聞』社もこうした動きをかなり強くサポートしてきた。登山家として知られる大蔵喜福さんもこれにかかわり、南信州から静岡県にかけての南アルプス一帯を、世界自然遺産に登録するための準備を始めた。北アルプスと較べるとずっとアプローチが大変な南アルプスは、日本有数の山岳風景もさることながら、貴重な原生林・植物相とともに野生動物も多い。今のうちに、しっかりした調査に基づくゾーニングや、保全と活用に関する手立てを講ずべきであること、十分なガイド育成やインタープリテーション・センターの必要性を訴えている。何より、南信州に住む人々が、このような貴重な自然に恵まれているということを、あまりに日常あたりまえになっていて気付いていないと危惧している。

こうした認識がないゆえに、多くの地域がいつの間にか公共事業という名における、自然の乱開発に手を貸してしまっている例を、そこら中にたくさん見てきているからだ。しかし、このような流れのなかで、地元の歴史、地質、自然などの研究者やナショナル・トラスト運動にかかわる人々、さらに「伊那谷自然友の会」といったような、今まであまり表立った動きには見えなかった人達が、エコツーリズムの運動にかかわり始めている。

ところで、南信州エコツーリズム推進協議会の委員長は飯田市長の田中さんだったが、昨秋、16年間務めた市長を退任した。その下で中心になって活躍したスタッフ達も、とたんにバラバラになった。せっかく軌道に乗り始めた今までの動きが、これで元の木阿弥にならなければいいがと、関係者は気をもんでいる。

（2005・11・14）

国境の島のツーリズム振興

異国の灯りが見える長崎県・対馬

対馬は九州本土の北西、玄海灘の北方にあり、朝鮮半島まで49・5キロメートル。福岡までよりずっと近い。南北に82キロメートル、東西に18キロメートルという日本で3番目に大きな島だが、九州と朝鮮半島の間をさえぎるように、やや右に傾いて横たわっている。対馬の北側が朝鮮海峡、南側が対馬海峡である。日露戦争における有名なバルチック艦隊と日本海軍の海戦は、朝鮮海峡側で戦われた。

その昔、朝鮮半島、対馬、九州は陸続きだった。氷河期が終わった頃の今から約2万年前、海の水位が上がり、まず朝鮮海峡ができた。対馬は日本側にあって、半島と分離する。その後約1万年が経って、今度は対馬海峡ができた。この約1万年の差が、対馬を日本側に帰属させたと見て良い。太古から自由に往来していた人々が、1万年も海によって隔てられてしまえば、おのおのが別の文化圏を形成するであろうことに不思議はない。これが、対馬が朝鮮半島の方へ日本よりずっと近いのに、言葉や文化を日本と共有している理由である。

江戸時代の日本が鎖国政策をとっていた頃も、対馬は朝鮮との交易・外交を続けていた。長崎の出島におけるオランダとの交易が、鎖国時代ただひとつの外国に対する窓口だったと思われがちだが、対馬も実は重要な大陸とのパイプ役を果たしていたのである。

対馬の中心ともいえる港町は厳原《いづはら》だが、ここに漂民屋という、外国からの漂流民を収容するための館があった。対馬の研究者によれば、1599年から1872年までの間（ほぼ江戸時代の273年間）に、対馬に漂着した外国人は約1万人（967件）。同時期に日本から朝鮮半島へ漂着した日本人は1050人（114件）あったという。こうした漂流民の送還こそが、外交使節の派遣にも劣らない友好の証となっていた（原嶋理恵子『とっておきの対馬』対馬新聞より）。

驚くべき数字ではないか。対馬の北端、鰐浦の展望台からは、釜山にある橋や観覧車、時に打上げ花火が見える。文字どおり指呼の間なのだが、それにしても漂流民だけを見てもこれだけの往来があるというのは、一衣帯水もいいところ。有史以前からいかに多くの交流が行われていたかを示す、格好のエピソードである。

現実に、韓国からの船便は今も頻繁で、対馬への観光客は年間3万8000人に上るという。対馬の古い民家の屋根を見ると、その形にはっきりと朝鮮の面影が見えている。

この対馬で2006年3月3日から3日間、全国エコツーリズム大会があり、出席した。現在、この島の人口は4万人を下回ってしまった。島の面積の89%は山林に覆われている。急峻な山々がそのまま海に落ち込み、複雑なリアス式海岸線を成している対馬には、畑をつくれるような部分が極端に少ない。それで、産業面からすると漁業を中心に、対馬は多くを九州方面や半島との交易に負ってきた。その重層的な歴史・文化も、自然と同じく対馬の大切なエコツーリズム財産である。

海峡に浮かぶ島という地理的特異性から、渡り鳥の数は多く、ツシマヤマネコという大型の山猫も生息している。イリオモテヤマネコの影に隠れ、あまり知られていないが、こちらも絶滅の危機に瀕する天然記念物である。

大会の分科会では、「対馬の原生林、巨樹巨木とエコツーリズム」に参加し、龍良山(たてらやま)の原生保護林へ行った。この山は霊山として崇められていたため、約100ヘクタールの部分に斧が入れられることなく、全国でも珍しい原生林が残った。スダジイ、アカガシ、イスノキ、タブノキ、サカキ、ケヤキ、シデなどの広葉樹が生い茂り、ヤブツバキの巨木が赤い花をいっぱいにつけている。島中に巨樹は数多く、パンフレットには目ぼしいものだけでも115本がリストされている。琴《きん》の大銀杏という上対馬町にあるものなどは、推定樹齢が1600年、幹の太さは12・5メートルもあり、日本一の銀杏とされているらしい。

対馬にはまだ、本土からの本格的なツーリズムが押し寄せるまでになっていない。それだけに、エコツーリズムの概念を十分に活かすサステーナブルな観光のあり方を考える、良いきっかけにしようというのが、大会を主催した対馬市のもくろみであった。「地域でつくるエコツーリズム」ほか、野生動物、歴史文化、環境学習などがテーマに取り上げられ、島内から200人、島外から100人という多くの参加者にとっては、お互いに有意義な大会になったものと思われる。

厳原の古い町並みには、江戸時代以前からのとても美しい石組みの塀があちこちに残されている。コンクリートに代えられないで、すべてが残っていたらさぞと、ここ何十年かの無造作な「開発」がここでも恨めしい。

5月の対馬を海上から眺めると、まるで翡翠の玉を置いたみたいですと、ある大会関係者が話してくれた。これから対馬全体が、玄海ツツジの薄紫色でいっぱいになる。

（2006・4・3）

「ひらど遊学ねっと.」の立ち上げ

インバウンドをてこに挑む地域活性化

長崎県平戸市。地図で見ると九州の一番左上の方にあり、したがって北は玄海灘、西は東シナ海に面している。九州本土側の田平町と、すぐ沖合いにある平戸島、生月島、度島など有人・無人合わせて40ほどの島々から成る地域が「平戸」だ。人口は現在、約3万9000人。

平戸はこのロケーションにより、ずいぶん早くから日本と世界との接点になってきた。空海は804年にここを出航した遣唐使船に乗り、2年後に真言密教のみならず建築や医療、教育など多くの学術成果を唐から持ち帰った。

鎌倉・室町時代ではこのあたりの武士団、松浦党《まつらとう》が有名である。船団を組み、半島方面から東南アジア方面にまで遠征、交易と同時に掠奪にも精を出した。世界史年表には1200年代から、朝鮮、中国沿岸部、東南アジア方面における和寇の「活躍」が頻繁に登場する。大航海時代以降スペイン、ポルトガル、イギリスなどの海賊船、私掠船が大活躍し、歴史をつくった。

キャプテン・ドレークはじめ多くの有名人がいるが、いってみればわが松浦党は彼らの大先達なのである。

平戸にポルトガル船が初めてやって来たのは1550年。以後、1639年に江戸幕府によって出されたポルトガル船来航禁止令までの約90年間、おそらくここは日本で最も国際的な地域だったと見て良い。

1600年、豊後にオランダ船に乗って漂着したイギリス人のウィリアム・アダムズは、家康に重用されて三浦按針と名を変え、江戸幕府の対外政策に大きな影響を与えた。このウィリアムが没したのも平戸である（日本における彼を描いた『さむらいウィリアム』〈ジャイルズ・ミルトン著、築地誠子訳、原書房〉が歴史ノンフィクションとして面白い）。

さて、その平戸の籠手田恵夫さんから封筒が届いた。コテダさんといえば、かつてJTBの国際畑で活躍された有名人である。流暢なのは英語ばかりではなく、ロシア語、ドイツ語、フランス語にまで堪能、はてはスワヒリ語までペラペラかという伝説的タレントの持ち主。数年前に定年退職されたあと、ふるさとの平戸へ戻って、地元の観光協会の仕事や外国からのお客さんの受け入れなどの手伝いをされている。

封筒を開けてみると、「NPOひらど遊学ねっと.」の地域活性化プラン、企画概要書が出てきた。どうもまたひとつ、新しいボランティア活動の拠点を立ち上げられた、ということらしい。「ひらど遊学ねっと.」の設立趣旨を読んでみると、平戸は昨年（2005年）の合併により総人口は増加したが、高齢化や後継者の減少、過疎化、遊休地の増加など、いろいろな問題を抱えていると。つまり、400年前の国際都市も今や日本各地の多くの市町村と同様、なんとかしなくっちゃという課題をたくさん持っているのである。

そこで籠手田さん達は、「何か自分達にできること」「すぐに取り組める身近なこと」を探し、「新しい事業をおこすための活動を継続的に、市の全域に広く呼びかけていこう」と、この新しいNPOを設立したという。

「有効な対策のひとつとして、都会生活者と地方に暮らす人々の交流促進により、お互いの存在意義を再確認し、その地域で生きることの自信と誇りを取り戻すことが必要であり、そのためには、従来の枠にとらわれない、柔軟でスケールの大きい『人的・物的ネットワーク』を築くことが不可欠であります」

「ひらど遊学ねっと.」の設立趣旨の中核を成しているのは、まさに日本の新しいインバウンドツーリズムのビジネスモデル確立を目指そうということにほかならない。ここでいうインバウンドとは、まず国内からの訪問者を平戸という地域にいざなうことである。そしてその延長線上に、あるいは同時に、諸外国からの来訪者をイメージしているに違いない。

このNPOの事業計画は、トップにノーマライゼーション推進が挙げられている。バリアフリーのユニバーサルシティを目指す。ここらあたりがNPOの面目躍如。そして、I・J・Uターンの受け入れ、海・山、農漁村へのエコツーリズムの推進、遊休地の活用、外国との文化交流、体験型ロングステイプログラム、さらに青少年の育成や、おじいさん・おばあさんへのＩＴ機器利用指導まで、なんと14もの事業計画が並んでいる。

おそらく地域密着型のインバウンドビジネスは、こんな形で全く新しい地点からスタートするのが理想的なのに違いない。

旅行業の中高年ＯＢ、あるいは団塊の世代と呼ばれる諸君。「籠手田モデル」に倣って、残存エネルギーで〝ふるさと再生〟への挑戦を志してはいかがか。ホームページは「yugakunet.jugem.jp」だ。

（２００６・９・４）

インバウンド専業の新会社を

全国各地に新ビジネスの可能性

観光を考える視点が、送り出す方から受け入れる方へとシフトしつつある。

特にインバウンドとなると、すべからく受け入れ側からの発想によらなくてはならない。別に外国からのお客様を日本へ迎え入れるばかりをいうのではなく、ある地域によそからの誘客を図る動きのすべてがインバウンドである。

したがってインバウンドを考える単位は、小であれば市町村とかその広域連合、中のレベルは県あるいは北海道とか東北という全国10ほどの地方ブロック、大が国としてのレベルということになるであろう。

旅行業界においてインバウンドが語られる時、ほとんどは「儲からない」というネガティブな反応が多い。それは現在の旅行業各社の中で、常に日々忙しく稼働するアウトバウンドの論理によって語られているからである。インバウンドを考える場合は、全くの新事業を立ち上げるのと同様なくらい、しっかりしたビジネスプランと十分な準備が必要ではないか。というより、先述の小なり中なり大なりの各レベルにおいて、従来のアウトバウンド業務とは組織上完全に別格の、新会社による取り組みがなされるべきだと思われる。

インバウンドはそれぞれの受け入れ地域が、その地域をどのように見せ、体験させ、あるいはもてなすかを「自律的に」考えなくてはならない。さらに、待ち受けるのではなく、商品の形に仕立て上げ、販売促進を行い、あるいは流通形態をつくり上げなくてはならない。これは仕事の組み立てが、アウトバウンドとは完全に別ものと言っていいくらいの違いがある。

地域の魅力をどのように引き出し、磨き上げ、地域のサプライヤーや行政との協働態勢をどうやってつくるのか。いろいろな目的別・シーズン別プロダクツを、想定される市場に対し売り込んでゆくための仕掛けづくり。つまり、その地域全体を巻き込んだうえでのマーケティング計画が、必要かつ不可欠なのである。単にインバウンド・セクションを現行組織内につくるくらいでは、どうにもならないのは明白なことではないか。

韓国なり中国なりの業者が、日本でインバウンド業務を扱ってしまう。あるいは白バスの問題等々は、すべて40年前から我々が諸外国においてやってきたことであり、体験済みの事柄ばかりである。その後、我々はどうビジネスを変化させてきただろう。あるいは諸外国の受け入れ態勢はどのように変化してきただろうか。アウトバウンドの立場からすると、どのようなインバウンド・オペレーターを高く評価し、どのような地域あるいは国の対応が我々にとっては嬉しかっただろうか。アウトの立場からインの方の状況を冷静に分析してみるだけで、かなりのことが見えてくる。

というわけで、インバウンドを全く新しいビジネス分野として捉え、新事業を立ち上げるための提案をしてみたい。くどいようだが「インバウンド専業・新会社設立のススメ」についてである。

コトの良し悪しは別にして、平成の大合併によりできた市町村は約１８００ある。都道府県の単位は47、地方ブロックが北海道から沖縄まで10としよう。それらのすべてがとは言わないまでも、かなりの程度までが観光を新しい地域おこしのバネにしたいと考えている。これを後押しするのが観光立国関連の諸施策であり、国交省をはじめとして経産、農水、文科、環境、厚労、さらに外務に至るまで、予算も含めて動きは急である。それに伴う地方自治体の動きも、前世紀には考えられなかったほどの変わりようだ。そして、それらは一様に、アウト主体の旅行業界の思惑など関係なく、インバウンドに焦点が絞られている。

そんなわけで、上記の１８００市町村だけに限っても、この数だけの地域インバウンド専門会社が設立される「機会と可能性」があると言えよう。たとえばA社でもB社でも、まず数百万円程度の資本金と1~2名のスタッフを用意する。そして、地方自治体に同額ほどの資本参加を要請する。観光協会のM&Aは当然、視野の内であろう。さらに地域の旅館、バス・タクシー会社、観光諸施設、一般企業に数十万から百万円程度の資本参加を呼びかける。仮に

１８００市町村のうち１割が動き出したとしても１８０社。さらに県や地方単位で、同様の試みがなされていい。

スタッフの派遣あるいは移籍を市町村から受ける場合は、プロパーとして不退転の組織をつくらなくては（ダメモトでは）ダメである。場合によってはＮＰＯでスタートし、３〜５年で株式会社へ、というプロセスを考える方がやりやすいかもしれない。いずれにせよ、まず自治体を巻き込み一緒に旗を振る、という点が鍵になるだろう。不可欠の条件は、中心になって引っ張る人と、各自治体観光課の支援である。

先行事例である南信州観光公社は、飯田市の観光課が中心となり、旅行会社のスタッフを採用し出発した。民間側からの動きはどうか。

（２００６・10・30）

富士山再生への長い道のり

旅行業各社の積極的な関与を望む

早稲田大学の付属機関にWAVOCというボランティアセンターがある。18歳以上であれば、早稲田大学の学生でなくても参加できる組織で、現在の登録者数は3000人を超えているらしい。「知の源泉である大学としての社会貢献」「社会に貢献できる人材の輩出」という建学精神に基づき、国内外における社会貢献活動を広く展開することを目的としている。こうした活動を通じ「参加者の成長を促す」というところにも、このセンターの大きな眼目がある。

ボランティアを学び、実践することで学生は単位を取得することができるが、オープン科目を見ると次のような講義や実習が並んでいる。

「国際開発援助理論と実践」
「武力紛争と平和構築」

「環境とボランティア」

「国際交流と社会貢献」

「ミクロネシアの島と日本の農村から見る『豊かさ』の体験的考察＝持続可能な社会と市民の役割」

「地球体験から学ぶ異文化理解」

「東南アジアの開発問題とＮＧＯの役割」

「文化遺産の保全と村づくりへの国際協力実習」、等々。


いずれをとっても、それぞれ興味深くもあり、かつまた我われ旅行業界の範囲にかかわりあうものが多い。

これらと並んで「富士山環境再生実践講座」という科目があり、つい最近その公開セミナーに参加した。テーマは「富士山再生へのロードマップ＝環境保全と観光の共生を考える」というもので、私はサステーナブルな観光の進化とエコツーリズムという観点から話をした。会場には早稲田の学生を中心に１５０人ほどが集まっていて、相当な活気である。

この講座は2年目であり、昨年はニュージーランドのトンガリロ国立公園から関係者を招いて話を開いた。今年は米国ワシントン州のレニア山国立公園から管理官が招かれている。いずれも富士山と性格・姿がよく似た山であり、それらの公園管理の実態を学ぶことから、多少なりとも富士山再生の参考となる知見が得られるのではないかという期待がある。WAVOCからは、直接レニア山へ出かけて公園管理を体験している学生も少なくないらしい。

富士山の現状については、静岡総合研究機構の渡辺豊博さんや富士山自然学校の渡辺長敬さんが話した。周辺には年間1000万人の観光客がつめかけ、5合目まで250万人、登頂者が25万人という富士山は世界一の観光地だという。それだけに、オーバーユース、乱開発、ゴミや産廃の不法投棄、水質汚染、トイレの問題等々、さすがの日本の顔であり心のふるさとである富士山も「満身創痍」、そこへさらに自衛隊が大砲を打ち込み拍車をかけている。

そこで渡辺さん達多くの人々は、富士山の総合的な管理機構の設立をはじめ、学術情報の収集評価、恒久的基金の創設、NPOとの協働、保護範囲の確定、ゴミ処理・不法投棄の監視システム導入、エコレンジャー活動、演習場との調整等々、実に多岐多様な活動の展開をもくろみ、多くに参加を呼びかけているのである。

一方のレニア山は標高4329メートルという、頂上には巨大な氷河群をまとっている雄峰であり、年間の観光客は200万人。登山者は8000人ほどだが、それぞれ30ドルを支払う。公園管理の国庫予算が年間1500万ドル、スタッフは常勤が120人、シーズンには追加で175人、さらに750人のボランティアがフルタイムのスタッフに換算すると20人分ほどの働きをしている。管理局は教育部、自然・文化資源部、ビジター・資源保護部、経営部、管理部という5つのセクションから成り、公園内の建物、道路、トレイル、キャンプ場、水処理・

トイレ施設などの管理をはじめ、国内のホテル、食品、土産店などゲストサービス会社との連携、動植物の保護・育成まで、幅広い総合的な管理を行っているという話で、入園料の徴収システムともども会場からは溜息がもれそうだった。

しかし、レニア山など米国の多くの国立公園が、現在のような管理体制をとるに至るまでの過去100年以上にわたる「戦い」の歴史も熾烈であり、一朝一夕に与えられたものではないと、『シエラクラブ※』その他の多くの事例が我われに教えてくれている。

富士山再生への道のりは長いし、エコロジー運動に終わりはない。こうした運動を支える人々のネットワークが広がることを願うばかりだが、WAVOCのこの講座は株式会社電通の寄付講座だという。コーポレート本部のCSR室、社会貢献部がかなりの力を入れて取り組んでいる。富士山によって恩恵を被っているのは、広告会社より旅行会社のほうが遥かに大きいはずである。少なくとも富士山再生への「志」において、広告会社の後塵を拝してはなるまい。

（2006・11・27）

※シエラクラブ＝アメリカの自然保護団体。1892年設立、初代会長はジョン＝ミューア。ヨセミテ渓谷やシエラ・ネバダ脈一帯での登山・ハイキング愛好家などが集まって発足した。現在は環境問題などを中心にアメリカ・カナダなどで幅広い活動を行っており、支持者も多い。

「持続可能性」とは何か

観光地に対する旅行業の責務

山村の暮らしは政治の暴風を受けてきた。

戦争が終わると復興を急ぐ日本は電力を必要とした。白川村にも7つのダムと7つの発電所ができ、たくさんの合掌づくりの家々が湖底に沈んだ。村人達は必死になって新田の開発に取り組む。ようやくそれが形になった昭和40年代（1960年代後半）、国の減反政策が始まる。白川村の集落の人々の集団離村が起こり、37棟もの大きな合掌づくり民家が都会の料理屋などへ売られた。

戦争で男達が兵隊にとられて山が荒れたあと、20年ほどの間に日本は高度経済成長の波に乗り、同時に日本各地の山村でこんなことが起こった。白川郷・荻町集落の村人達はこれに黙々と耐え、村の崩壊に危機を感じた彼らは1971年、これ以上合掌づくりの家をなくさないようにと、「売らない、貸さない、壊さない」という申し合わせをする。

こうして残った集落は76年、国の重要伝統的建物群保存地区に指定されることとなり、これが１９９５年の世界文化遺産登録へとつながったのである。

合掌づくりの屋根を葺くための茅は1戸に40トンもの量である。これを毎年山で刈り集め、数十年に一度の葺き替えのために貯蔵しておかなくてはならない。村人は外の人の手を借りることなくこうした大仕事をするために、「結《ゆい》」という一種の助け合いのシステムを保ってきた。白川郷の文化遺産というのは単に合掌づくりの家だけではなく、こうした村のありようを生み出した山や田畑、人々の暮らしとそれを支えてきた知恵の集積を指している。

しかし、このようにしてかつかつ生き残ってきた白川郷に「観光バブル」がやってきた。世界遺産に登録されて以後、数年で訪問客数は倍増、２００３年には１５６万人を記録する。村がそんな数の受け入れ計画・態勢を整える暇もあらばこそ、観光バスと乗用車の波が押し寄せた。山林と農業中心の自給自足経済に近かった暮らしを捨てさせられ、かろうじて公共土木工事で生き延びてきた村は、観光によって息を吹き返したかに見えるのだが、さすがにこれでは先がないと村の人達も気がつき始めた。

谷口尚村長は「日本一美しい村をつくろう！」と、村人達に呼びかけている。景観条例もつくったが、これには強制力がない。うまずたゆまず人々を説得し、引っぱってゆく以外に実効を持たせることは難しい。

ふつう新しい観光地は、その売り出しに大変なエネルギーを使うのだが、世界遺産ブランドのおかげで白川郷はその必要がない。押し寄せるマスツーリズム受け入れのため、全く地域の観光デザイン（枠組み）抜きに各自が駐車場をつくり、マスプロの土産物を並べ、観光バス用のそば屋を開いた。150万人を何とかこなすのが先で、大半はサービスとか、滞在を長くするためのプロダクツとか、顧客満足のところまでの視点がなければ、ましてや持続的とか、感性とか、環境とかに目を配る余裕はなく、バブルでやってきたとりあえずの現金収入確保に懸命である。つまり自然や文化という観光資産を食い潰す形の、クラシックなマスツーリズム依存体質を白川郷は持ってしまった。

実は白川郷への宿泊観光客は、1978年の14万6000人をピークに2004年の6万4000人まで、一貫して減り続けている。観光バブルの客数もさすがに、2003年の150万人を境に減少に転じた。

150万人のうちおよそ7割は観光バスでやってくる。そして膨大な量のゴミと排泄物を残し、去ってゆく。後者だけでも計算してみると、およそ4トン積みトラック60台分にもなるであろう。村は近隣の大きな都市に必死で頼み込み、この処理をしてもらう。1900人の白川郷住民のゴミだけであればわけはないのに、だ。

そして一説には、これら150万人の落としてくれる平均単価は1500円にすぎないと。さらにマスツーリズムがもたらす観光客の季節変動は激しく、ピークの10月に20%が集中、12月～3月の冬期は合わせて10%にすぎない。春から秋が繁忙期ともなれば、激しい労働を伴う農業のほうへは人手をかけられない農家もあり、うっかりすれば水田が保っている集落の景観が、こちらのほうからも荒れかねない。

こうした、いわば持続不可能な観光地をつくり出した旅行業者の責任は大変重大である。「売りやすい」「客が望む」という決まり文句に安住して、世界のたからものと言うべき文化遺産を台なしにしている。寺院の庭、高名な美術館以上に、こうした観光地にも敬意や感謝の気持ちを忘れないように、そのことをまた観光客にも文化背景説明とともに十分伝えるべきであろう。今や、旅行業者が「無意識の」観光暴風を吹かせている。

（２００７・３・19）

白川郷を「まるごと博物館」に

至急望まれる観光劣化への手立て

白川郷を観光暴風から救い出すためには、ここをまるごと博物館にしてしまう以外にない、というオハナシ。

「地域社会の人々の生活と、そこの自然・社会環境の発達過程を史的に探求、自然・文化、産業遺産を保存・育成・展示することで、地域社会の発展に寄与する」という、フランスの博物学者アンリ・リビエールが１９６０年代後半に始めた「エコ・ミュージアム」の考え方であり、運動である。

このためには①観光客、②旅行業者、③地域の人々が、しっかりと協力し合わなくてはならない。これら3者は3様に観光から恩恵を受けている。訪問地域を博物館にたとえれば、3者がそれぞれ何をしなくてはならないかが明白となるであろう。

①は入場料を払う、②は博物館の価値を十分に伝える、③は博物館の管理運営に責任をもつ。

ざっと言うなら、こういう役割分担であり、それぞれの責務はとても重要である。

寺の拝観にも美術館への入館にも、観光客は入場料を払う。自然というフィールドに対しても、全く同様の配慮が必要ではないか。諸外国では国立公園のような自然地域利用の場合、何らかの形で料金を支払うことが常識化しているのはご存じのとおり。

旅行業者は観光客にしっかり自然や文化についてその価値、大切さを説明したうえで、それなりの接し方を指導しなくてはならない。質の高い旅行商品の開発もまたしかり。

地元の人々、観光関連業者、行政はその地域全体を博物館とみなし、理想的な受け入れ態勢をデザインし、管理運営に努める。

現状の白川郷は上記3者のいずれもが、なりゆき、勝手にし放題、デザインもなければ監理も不行き届きのまま、知名度ばかりが高いゆえに、絵に描いたような観光劣化を招いている。ここでいうデザインとは、どのような観光地にするのかという構想、あるいは枠組みのことを指す。

そこで白川郷のデザインだが、去る3月上旬の3日間、ここで行われた「全国エコツーリズム大会」における議論から、前回に引き続きそのあらましをご紹介する。

多くの人が異口同音に言ったのは、観光受益者である訪問者が、きちんと代金を払うという点だ。仮に1人わずか300円としても、150万人なら4億5000万円である。上越市からパネリストで参加した雪だるま財団の矢野学さんは、白川村が一刻も早く「税金対策局」なり「世界遺産保全協力金お願い課」でもつくって、すぐやるべしと言った。世界遺産の管理状況には、すでにイエローカードが出ていると。

地域の先人達が必死の思いで守り、育んできた白川郷の自然・文化・人々の暮らしを敬意をもって拝観するという意識と、ゴミや排泄物を考え合わせるなら、300円が500円でも不思議はなかろうし、それが嫌なら入場しなければいいだけの話である。

旅行業者への注文は、当然ながら厳しい。白川郷というせっかくの観光資源を、十分な理解もなく、その知名度に寄りかかって、安易な儲けの手立てに使っていると。

当たり前のことだが、持続的観光マネジメント上、客の満足度を上げリピートにつなげるためには、どんな体験をどのようにどれくらいしてもらうか。マスの通過点として扱うのではなく、むしろ滞在型の目的地として、数は少なくてもしっかりしたツアーづくりを考えるべきであると。そのための豊富なエコツアー素材などは、現在のところ一顧だにされていないようなのである。

さて、この「博物館」の管理運営に関していえば、一刻も早く白川郷荻町集落から観光客の車やバスを排除せよという声がほとんどであった。

集落の外にきちんとモータープールをつくる。その周辺にレストラン・喫茶店・そば屋、みやげもの屋さん等々の「門前市」を形成する。地元の農産物、富山湾からの水産品、地酒・焼酎、個性ある地産のみやげ物、白山ワインだって並べられる。感性と個性が際立つ味と雰囲気で各店が競うようになれば、観光客の評価だって高くなる。

駐車場エリアと合掌づくり集落の間は、エコエネルギーバスのシャトルで結ぶ。歩くルートを、周辺の里山も含めて多く開発する。身障者用には電動椅子を。通りには並木をつくり花を植え、敷石に換える。家並みの景観や看板の統一感は言をまたない。

入場料はこのようなインフラの整備に使い、それをきちんと公開してゆく。家屋の補修やゴミ、排泄物処理、あるいは高齢者の家の田畑手入れなどにも回すことができるし、除雪の費用や水道・電気料金にしても、観光客側が負担しなければならない分は多い。

あるいはこうした仕組みにより、来訪者数は減るかもしれない。しかし今のままでは、その数は減るどころか、地域の魅力自体が消滅する。世界遺産のブランドそのものだって危うくなるばかりだ。残された時間は多くない。

（2007・4・2）

観光地の価値を高める企画

売りやすさだけに安住しない旅づくり

3月上旬、白川郷で開催された全国エコツーリズム大会に基調講演者として招かれた、あん・まくどなるどさんは、かつて（15年ほども前になる）冬の白川郷を訪れた時のことを語った。「雪の降る音や、白川郷の星がきらめく音を聴いてみたかった」。そして、今の変わりようにびっくりしている。「ここに2泊とか3泊とかさせるようなプログラムは用意されていないのでしょうか」。

できていないのである。これをつくるには、地元と旅行業が協力する以外にない。トヨタ白川郷自然学校の稲本正さんは、「地元の人に危機感がない。これが最大の危機だ」と言われた。人の急増に対し、村は何も手を打っていないと。

しかし、白川郷旅館組合長・松古卓也さん、白川村役場の産業課長・板谷孝明さんや観光係の岩本一也さんなどは、相当な危機感を持っている。村にこれ以上の観光劣化をもたらさない、観光振興を図るための具体策を模索しているのである。ひとつ、例を挙げよう。

冬の白川郷は人工的なライトアップに人気が高く、ひと晩に観光バスは60台の予約制だが申し込みは1800台もある。自分は、ライトアップがそれだけ人気なら、逆に「ライトダウン」だってありだろうと言った（ライトダウンという言い方があるのかどうか知らない）。雪景色は月明りのそれが一番美しい。満月の夜はライトを消す。あるいは新月の晩、提灯でもぶら下げて夜空の星を見にゆく。こんなプログラムはそこに宿泊させなければ不可能だが、やり方次第でとても印象深い滞在中のプログラムになり得る。トヨタ自然学校の雪と遊ぶプログラムの中には、大人もつい夢中になってしまえる体験型がいくつも用意されている。

旅行業の企画担当者の中に、実際に冬の白川郷に足を運んだことのある人が何人いるだろう。机上のプランで高山/金沢間に白川郷を入れ、立ち寄りポイントでよし、と思っている人がほとんどなのではないか。

自分で現地に出向き、松古さんや岩本さんらと話をしてみる、あるいはここに自分で泊まって歩いてみる、トヨタ自然学校の滞在中のプログラムをいくつか体験してみる。こんな突っ込んだ取り組みをしない限り、この世界遺産が生きてくる旅行の企画なんかできっこないのである。

トヨタ自然学校は木づくりの落ち着いた雰囲気をとても大切にしている、第1級の宿泊施設である。ひとことで言うなら「上質」なのだ。各部屋に風呂はないが、とても気分の良い温泉と露天風呂を完備している。食事は完全なフランス料理が提供されてびっくりする。都会なら、この食事代だけで自然学校の1泊2食よりするだろう。「白山」というブランドの秀逸なワインが置いてある。稲本さんの話では、地元の旅館や民宿と競争を避けるため、洋式・フランス料理というパターンにあえて固執せざるを得なかった、ということらしいのだが、ここに泊まった人は必ずまた来たいと思うに違いない。

自然学校がオープンして以来、ここに泊まった人以上に白川郷宿泊客数は増加した。しかし現在なんと、白川村地区全体の旅館・民宿の年間稼働率は、たったの20%だという。あえて言うなら旅行業の責務は、これをせめて70%くらいにまで上げることだろう。そのためには、滞在時間45分などという旅行企画を即刻見直すことである。世界遺産の価値を理解し、そのサステーナブルな利用を考え、ワイズ・ユースに徹する。そのくらいの覚悟がなければ、「観光劣化を促進するだけの旅行業」として、厳しいマスツーリズム批判の矢面に立たざるを得ない。そして、やがては消費者からも愛想をつかされることになるであろう。

沖縄南西諸島1日5島巡りなど、このテのものに枚挙の暇もない。ルーブル美術館へ連れていき、1時間でひと回りしてバスに戻れと言ったら、お客は「まあ、ミロのヴィーナスぐらいは見られるし、トイレにも寄れるからいいや」と納得するだろうか。現在、白川郷で行われていることの7割はこのとおりだし、それゆえ多くの観光客が「二度と行かない」と思い、実際にこのタイプの客足はすでに減り始めているのだ。少なくともまともな旅行会社であれば、こういうビジネスをこれ以上続けてはならない。たとえ売れやすくても、である。売れさえすればいいという本、視聴率が稼げさえすればいいという低俗番組。旅行も文化というなら、こういったレベルだけでは侘びしすぎるであろう。

前回は文化遺産保全のための協力金のことにふれたが、今回は「旅行業」としてぜひという、サステーナブルな商品づくりへのチャレンジについて書いた。2泊3日、3泊4日の、ぜひまた来ようと思わせる企画を、少量でも確実につくってほしい。

もちろん、それは白川郷に限ったことではない。

（2007・4・16）

新しいビジネスモデル確立へ

FIT専門インバウンド会社の挑戦

「ええ、すこぶる順調に金が出ていってます」

初期投資資金の出方について、インバウンドの新会社エイチ・アイ・エス・エクスペリエンスジャパン（HEJ）を立ち上げた野々山桂さんは、笑いながらそう言った。

HEJの会社設立は2006年11月、営業開始が07年4月である。全く新しいビジネスモデルの確立を目指すというこの会社について、その内容を若干紹介してみたい。

JR中野駅近くにあるHEJのオフィスには、40人ほどのスタッフが働いている。社内に掲げられているスローガンは「CHANGE & CREATE」である。

HEJがミッションとするところは、①世界の人々が日本で楽しく充実した時間を過ごせるようにする、という新しい挑戦、②外国からのお客様と、それに対しサービスや商品を提供しようとする事業者との間の、有能なコミュニケーターとなること、さらに③このビジネスが世界平和に近づく一助となり、ひいては日本の未来を創るとなっていて、野々山さんは相当にマジメである。

なかなか儲かりそうにないけど、と言いながら野々山さんは、3年で黒字化がメドといろいろ説明してくれた。HEJが対象とするのはあくまで個人旅客で、団体は扱わない。そして海外の旅行業者からのランドオペレーション依頼も、いっさい受けない方針であると断言した。

事業部は2つあって、メディア事業部と旅行事業部に分かれている。メディア事業部の3つの柱は、(1)ウェブサイト=これは旅行情報のポータルサイトで英語・中国語・韓国語が同時にオープンした。(2)フリーペーパー=年4回発行で部数は3万5000部、テーマ別スポンサー付きの旅行情報紙である。(3)わっしょいバス=4台のバスが成田空港と秋葉原の間を1日8往復、無料で海外からの個人客を運んでいる。これら3つのサービスは、いずれも「メディア」と言うとおり、広告スポンサーの存在によって成り立つ。バスが走ることがメディア=媒体である、という発想は良いとして、年間1億7000万円のコストを回収するにはけっこう大変だと言うが、「HEJ事業全体の中の役割」との位置づけから理解しないと、単独では無謀に近い仕組みに映る。いずれにせよこれら3つのビジネスは、「サービス対象からは代金をいただかない」というコンセプトで行われている。

旅行事業部は、カレイドスコープと名づけられた、以下の4つのサービスによって運営されている。(1)サポートデスク=朝8時から夜8時まで1日12時間、英・中・韓・西・日の5ヵ国語によるコールセンターである。電話によるワンポイント通訳、観光情報や飲食店案内・予約、商品紹介・手配などを行う。（2）ケータイ電話「カレイドスコープ・モバイル」の貸し出し＝これにより（1）のサービスを受けられる。（3）コンシェルジュ＝個人アテンダントのエスコートサービス、通訳。（4）エクスペリエンスＴＯＫＹＯという体験型観光プログラム＝たとえば相撲部屋の朝げいこ見学とちゃんこ、これであなたも寿司職人、和を学ぶ・四季の日本料理とマナー、手描き友禅のアトリエ、和太鼓体験と浅草散策、漢字の成り立ちと書道の世界、サムライ気分で真剣斬り！　などが並ぶ。ＨＥＪでは3年間のうちに、はとバスなどでは体験できないこうしたプログラムを、１００コースくらいまで開発してゆく準備を進めている。外国人に見てもらうことが嬉しい人や、文化を伝えたいという人はけっこう多くいて、日本人にも見てほしいと言われることがあるらしい。これらのコースはほとんどが2名からの実施、日本人の参加ももちろんＯＫだが、日本人向けのサービスは行わない。

旅行事業部の（1）～（3）については、宿泊施設やタクシー会社なども、外国との取引がある企業と同様、クライアントになり得る。（4）については、会議やコンベンションなどＭＩＣＥ※の分野や、日本に在住する外国人とそこへ訪れてくる友人・知人・関係者なども視野に入れている。

中・長期的には、日本の少子高齢化に伴い人口が減ってくれれば、当然日本への交流外国人はもっと増えるはずで、そこに着目してさまざまなビジネスをもくろむ企業が出てくる。そういう分野もＨＥＪにとっては大きなビジネスチャンスになるだろうと、野々山さんは大きなデザイン＝枠組みを考えている。

エイチ・アイ・エスという組織があって可能な投資であり、どこもが取り組めるスタイルではないが、黒字化までに3年という期限を設けての背水の陣であり、大きな挑戦であることに違いはない。

「お客様第一。できませんと言わない、お客様の気持ちに沿ったサービス」というボードが社内に掲げてあった。インバウンドの新しいビジネスモデル確立に期待しよう。

（２００７・７・２）

※ＭＩＣＥ＝ミーティング（会議）、インセンティブ（報奨旅行）、コンベンション（大規模な国際会議など）、エキシビジョン（博覧会）といった特定目的の催事に多くの人数が動員されうる、宿泊・移動などを伴ったイベントをテーマとする、ツーリズムの一分野。

「えちてつ」の観光活用を考える

地方文化財としてのローカル鉄道

ちいさな、1両だけの地方鉄道、車掌さんは20歳過ぎくらいの女性だった。

モハ2201と書かれた車両の定員は119人とあるが、ベンチシートに掛けられる人数はおよそ50人くらいだろうか。その半分ほどが埋まっており、年寄り客が多い。駅に停まると、杖をついた客が待っている。車掌さんはホームへ降り、お年寄りを抱きかかえるようにして乗車させている。降車しようと席を立つお年寄りにも手を差し延べて支えながら、ホームまで降り立ち「お気をつけて」と声をかけ、ていねいに見送っている。駅と駅のあいだは短く2～3分しかないが、その間に切符を売る。ベンチシートに掛けたお年寄りの前に、片膝をついて応待しながら切符をきり、代金のやりとりをする。

こうした一連の業務がとてもやさしい思いやりにあふれていて、彼女の笑顔もすてきだ。

このローカル線は福井市と勝山市を結ぶ、越前鉄道・勝山永平寺線である。勝山市は福井の東、石川県や岐阜県との県境に近く、白山国立公園のふもとにある小さな町だが、平泉寺白山神社という名刹があることでも知られている。白山を越えて岐阜県側へゆくと、世界遺産で有名な白川村や高山市へ出る。この勝山市と南隣りの大野市一帯を併せ、「奥越前」と呼ぶ。

福井市を出発したこの鉄道は、九頭竜川に沿ってゆっくり進む。大野市までの駅の数は20ほどだろうか、所要時間は52分。時は6月の第1週、福井を出て鉄道はすぐに緑いっぱいの田園風景の中へ入る。田植えをすませたばかりの水田があるかと思えば、黄金色に色づいた麦畑があったりするのも、なかなかの趣きである。黒くて古い瓦屋根の、大きな農家が多い。生垣には夾竹桃が花をつけ始めていて、コブシが白い花を咲かせている。車窓から吹き込む初夏の風を楽しんでいると、のんびりした風景がとても懐かしいものに思えてきた。

この越前鉄道にはもうひとつの線があり、こちらは福井から北へ、日本海の三国港と結ぶ三国芦原線である。名前のとおり、途中には芦原温泉がある。越前鉄道の車内、駅の構内に「おや」と思わせるサービスのチラシなどが用意されていて、ローカル鉄道としての営業努力がうかがわれる。1日乗り放題の切符は８００円、自転車を持ち込むことができて、こちらは２００円。いくつかの駅には「無料レンタサイクル」が用意されていて、2日間は自由に使える仕組みだ。年間２０００円を払って「えちてつサポーターズ・クラブ」の会員になると、運賃は1割引きになるし、沿線にあるいろいろなお店（和菓子屋、そば店、とうふ屋、小料理・居酒屋、旅館など）の割引サービスが受けられるという。

車社会の発展にともない、日本中の隅々まで立派な道ができあがって便利になった一方、こうしたローカル鉄道の経営はどこも苦しいらしい。地元の人の話では、越前鉄道もまだ赤字だという。若い人達は車を使ってどこへでも出かけてゆく。地方のこうした公共運輸機関を使うのは、マイカーに取り残されたお年寄りや通学の子供達あたりに限定されてしまうらしい。

一方で国交省などは車社会に合わせ「道の駅」などの整備を進めたり、メインの観光ルートから外れた「寄り道」を勧める「風景街道」という観光キャンペーンを始めている。観光のあり方もより細かく、個人化の方向にあるし、多くの自治体も有名観光地依存型から、よりきめ細かな各地の特色を前面に打ち出した「新しい観光地づくり」への取り組みを始めたところが少なくない。都会の人々を農山漁村へ送り、定住人口の減少に悩む過疎地域の交流人口を増やそうという試みに、農水省までが音頭を取っている。

いろいろな観光のあり方を求め、新しい試みがなされるのは望ましいことなのだが、これらが一様に「自動車」を前提に考えられるとするなら、いささかの問題ナシとはしないであろう。人の移動に、車は鉄道の10倍のCO_2を排出するデメリットも無視できない。

おそらく日本の各地には、こうした越前鉄道のような特徴のあるローカル線が、まだ数多く残っているはずである。それぞれが地域コミュニティの足として貴重な役割を担いながらも、車社会の波に押されて苦戦している。北から南まで各地のこうしたローカル線は手を組んで、「ローカル鉄道サミット」のようなネットワークをつくったらどうだろう。年間有効な共通パスをつくるとか、いろいろなテーマ別のプロモーションを共同で行うとか。

越前鉄道に乗って考えたのは、こうしたローカル線はある意味で地域の文化財だという点である。文化財同士が手を結び、存在を観光客にアピールすることで、地域の人達への支援呼びかけにもなるのではないか。

福井駅では腕章を巻いた中学生が出改札で見習い体験学習中、勝山駅の待合室にはコーヒーメーカーが置いてあり1杯100円。車掌さんの笑顔とともに印象に残っている。

（2007・7・16）

奥越前で着地型の旅行会社を

NPOが主導するエコ&グリーンツーリズム

福井県は「福井型」エコ・グリーンツーリズムを推進しようとしている。福井型というのは、①山・里・海・湖の幸を産み出す農・林・漁業のすべてが体験できるという「グリーン」、②自然環境に生息する動物の生態観察「エコ」、③地域の歴史・文化や伝統芸能に触れる体験「福井型」、のことであり、古くからの生活文化・食・自然の大切さを学び、スローなライフスタイルや自然環境の価値を再発見することだという。

いちおう建前上はそうなっているものの、福井各地の現場では、具体的な取り組みはとなると、どう手をつけていいのかわからない。そこで「奥越前」と呼ばれる地域である勝山市や大野市の人達が、エコ・グリーンツーリズムのセミナーをということになり、招かれて行ってきた。

この地域で活動しているNPOノーム自然環境教育事務所の坂本均さんは、奥越前へ来るならぜひ越前鉄道に乗ってこい、と言う。その結果が前回紹介した「えちてつ」の様子なのだが、地域の文化財としてのこの鉄道を坂本さん達が大切にしている理由がよくわかったし、福井型エコ・グリーンツーリズム体験への導入部としては、とても気が利いていると感じさせられた次第。

奥越前のゆたかな農村風景を楽しみながら終点の勝山市に近づくと、緑いっぱいの山裾に、巨大な銀色のドームが見えてきた。まるで卵型の宇宙船が置かれたようにも見えるそれには、周辺の自然風景をあえて無視したような極端な違和感がある。隣りの乗客にたずねると、県立の恐竜博物館だという。１９８９年から発掘作業が始まったこの辺りの恐竜骨格などが展示されている、国内最大級のものらしい。

それにしても、こんな美しい風景の中にこういうものを建てるセンスがよく理解できませんと言うと、かの高名な黒川さんという建築家が、その政治的なチカラをも十分に発揮して建てちゃったんだそうで、自分達は安藤忠雄さんにお願いしたかったのにと、坂本さんは残念そうである。まったくイギなしだが、安藤さんに興味がある方は、ぜひ『光の教会・安藤忠雄の現場』(平松剛著、建築資料研究社)をご一読ありたい。それはさておき、肝心の恐竜そっちのけで、「今どきこれかよ」というモニュメントには一見の価値ありかもしれない。

それで奥越前だが、大野市のほうはかつての城下町らしい古い町並みの一角に朝市が立ったり、お城とそば、名水に銘酒など、北陸の小京都として、これＰＲに努めている。しかし、この一帯の魅力を特徴づけているのは、何といっても町を取り巻く昔ながらのゆたかな農村風景であり、背景をなしている白山山系と麓の森、そしてそれらをつなぐ九頭竜川流系の自然景観であろう。さらに勝山市のほうには白山信仰の拠点となっている平泉寺や、そこから白山山頂へと通ずる禅定道がある。白山国立公園へと続く奥越高原県立公園の辺りは、深い森の匂い、杉木立の香りに思わずうっとりするほどである。

ゆるやかな里山へと続く傾斜地につくられている棚田の段差部分は、そんなに大きくない石片がていねいに組んである。道路脇の至るところに見られる石組みも古く美しい。こうしたものを保ってゆくにはそれなりの意識と力がいるため、ところどころコンクリートに変えられつつあるのだが、どこか懐かしい気持にさせられる奥越前の農村風景には、このような昔からの村のカタチが残されているからであるに違いない。

越前といえばカニ、東尋坊、芦原温泉、永平寺、竹人形などがピンとくるというのが、今までのクラシックな観光素材だろう。それに加えて、坂本さん達は奥越前の新鮮な観光資産を、自分達のやり方で（自律的に）、エコ&グリーン体験型に仕立て上げ、ゆっくり売り出してゆこうと考えている。

お客がさっぱり少なくなってしまったスキー場には、ガラ空きの公共宿泊施設もあるし、児童が少なくて廃校になった小学校やグラウンドが十分使えるのに空いている。温泉もいくつもあれば、渓流遊びのフィールドにこと欠かず、森林体験のプログラムやハイキングなど、のんびり奥越前の自然を楽しむ林間学校や修学・研修旅行の受け入れだって、完璧な形ですぐ提供できる。九頭竜川の谷を少し遡ってゆくと、立派な農家がいくつも廃屋となっていて、わずか手を入れればそのまま里山体験活動の拠点にもなる。

今後の具体的な道すじとしては、地元のＮＰＯなどが広域に連携して行政を巻き込み、観光関連の業者、観光協会などをも含めた、第３種の着地型旅行会社を立ち上げる方向を探る動きも出てきそうだ。

白山連峰や荒島岳の麓の奥越前にある、まさにここならではの恵まれた資産を十分に生かしながら、四季の移り変わりもしっかり織り込んだ、坂本さん達の新しい試みに期待したい。

（２００７・７・30）

旅行に対する価値観の質的変化

価格以外の魅力をどれだけ発見できるか

旅行の発生要因は時間とお金と魅力である。この3条件のいずれが欠けても、旅行の需要は生まれない。

ここ10年ばかりの傾向を眺めてみると、時間に関しては一般的により逼迫した状況になっている。有給休暇の消化率も50%未満であり、なお低下傾向にある。ケータイで人々はどこまでも追いかけられているし、パソコンを四六時中持ち歩かされるビジネスマンも少なくない。今やマージャンなどという時間消費型の遊びはゼイタクそのものと言えそうである。かつてサラリーマンの付きあいといえばマージャンというのが相当の比重を占めていたのに、今日ではそんな単語さえ耳にすることがない。なんだか知らないが、やけに忙しい世の中になってきたし、もっと忙しくなりそうだ。

お金に関してはどうだろう。

格差社会などという流行語が出るほど、日本も中流階層が減って上下の層にシフトしつつあるらしい。けっして良い傾向とは言いかねるのだが、たしかにニューリッチとでも言うべきクラスと、極低賃金労働者が増えている。正社員の数が減り、契約社員や臨時雇用が増えているのは、わが旅行業界においても顕著である。後者の給料は前者のそれに比べ、およそ半分くらいにしかならないという。全体的に最近の10～15年の間、個人の収入はそんなに増えてはいない。むしろ減少傾向にあるという人だって少なくないだろう。

そうしたなかで、個人支出項目に不可欠なものとしてランクされたのがケータイであり、今世紀に入ってのパソコン普及である。IT技術の恩恵とやらをこうむると同時に、それなりのデメリットも余儀なくされており、特にケータイに関しては家族単位で見た場合の支出は相当な金額に上るであろう。これで割を食ったのが衣類、化粧品、本や雑誌、新聞、ファストフードなどなどの身の回り消費であり、なかんずく旅行という項目が大きく影響を受けている。世に「ケータイ不況」と呼ばれるのは、こうした状況を指している。

したがって、暇な時間に何をしたいかと問われれば、誰しもが依然として旅行と答えはするものの、前記に見るごとく、可処分所得の中における消費ランキングでは旅行はますますその地位を下げ続けているのである。さらに最近の傾向としてはっきりしてきているものにペットの流行がある。あくまで一般的な傾向としてだが、晩婚化により、子供が独り立ちした中高年の女性に、孫が与えられるまでの時間が長くなった。あるいは孫ができても別居が多い。くたびれて濡れ落葉化した亭主ではとてもこの隙間は埋められず、ふれあい対象としてこの際、犬猫あたりは格好である。オヤジにはとても期待できない癒し効果が、犬猫相手ならわけなく手に入る。てなわけで、旅行業界にとっての競合相手は意外なところにも現れている。

では第3条件の「旅行の魅力」に関してはどうだろう。

たとえ時間がなかろうが、多少収入が減ろうが、旅の魅力がそれなりに大きければ人は動くであろう。山の彼方の空遠く、というわけで人は旅をしてきた。可愛い子には旅をさせよと、その教育効果に対する評価も高かった。旅に伴う苦労そのものが、すべからく前向きに評価されてきたのである。

ところが今や旅行は、何といっても快適でなくてはならないらしい。楽しい時間、幸せな時間、ゆとり、癒し、のんびり、安全で清潔、おいしく、そしてふれあい。乗用車、列車、バス、船の座席を見よ。人気の宿を見よ。かつてない快適さ、心地良さに変わってきつつある。快適でないのはひとり、航空機のエコノミー座席くらいのものであろう。

パッケージツアーなどの旅行商品に、こうした消費者の質的変化は汲み取られているであろうか。最大公約数的需要と価格効率のみが、依然として旅行業者の最大の努力目標になってはしないか。味の文化に目覚めた消費者に、いくら大盛りの定食を、安いからと勧めてみても無駄である。ひとりの消費者の中に複数の需要が混在し、それらは価格要因以外の動機によって顕在化する。新規需要といえども、かつての大量廉価品に引き付けられることはない。目的志向はいよいよ鋭く、かつまた多方面に分散しつつある。旅行業各社の長期低落傾向の原因はここにあり、ここからの質的転換に挑戦することなく、この下方スパイラルから抜け出すことは不可能である。

というわけで旅行市場の拡大は、価格以外の多様な魅力の発見にかかっている。

（2007・12・24）

小笠原という楽しい学びの場

環境意識を変える体験活動メニュー群

埼玉県立川越西高校が2007年10月、300人の生徒を修学旅行で小笠原に送った。

事前の生徒に対する旅行の行き先希望アンケートで小笠原は42%を獲得、大阪+九州の34%、沖縄の14%をおさえたのだという。正直なところ小笠原というブランドが高校生のレベルにここまで浸透しているのかという驚きがある。沖縄は年間600万人が訪れる一大観光エリアであり、関西・九州もまたしかり、これに対し小笠原は年間2万人たらずが訪れているだけの、まだまだこれからの観光地といっていい。なにがしかの物珍しさか新鮮なイメージ、あるいは世界遺産の暫定リストに載ったという報道などが影響を及ぼしているのか。漠然とした、遠い、小さな美しい島のイメージが、情報ズレした高校生の感性に訴えたのかもしれない。もしアンケートが単に沖縄というのではなく、西表島とか座間味、あるいは屋久島などだったら、どんな結果が出ただろうかと、かなりの興味をそそられる。

埼玉県の公立高校は修学旅行の実施基準が４泊５日、費用８万１０００円以下、東京都の場合は96時間、７万６０００円となっていて、船で片道25時間かかる小笠原はなかなか日数制限をクリアすることが難しい。川越西高の場合、小笠原海運と交渉し現地２泊３日の日程を組んだ。そして、楽しみながら学習するという生徒の期待と、教育効果という教員側の狙いを見事に達成、帰ってからのアンケートに生徒達は、行き先は小笠原でよかったかの問いに89％が「はい」、また行きたいかとの問いには、ぜひ行きたい37％、機会があれば行ってもいい55％、さらに体験プログラムには73％が満足と答えている。環境に対する生徒達の価値観が変わった。旅行を企画した大谷勝先生は、生徒が涙を流すような感動のある旅にしたかったと言い、村を挙げての歓迎や交流、イルカやウミガメとの出会い、星空や夕日の美しさなどを挙げて、もくろみの成功を語っている。

小笠原における観光や体験活動は小規模の業者が総出で分担し、きめ細かなサービスを提供した。たくさんの小さな民宿やペンションに分宿した生徒達を、いろいろなプログラムにあてはめてゆくオペレーションの苦労は並大抵ではなかったものと思われる。ふつう旅行会社や先生は、修学旅行にすべからく同一の体験やサービスを求めがちなので、それが大量生産的な味気ないものとなって、結果的には生徒の興味や満足感をそいでしまう。小笠原の場合は逆に、小さな宿やアクティビティを受け持った業者が力いっぱい、それぞれのホスピタリティや工夫を競う。宿によって料理のメニューがまちまちであっても、そのほうが気持ちと味が伝わる。

よく言われることだが、サービスにスケールメリットはない。本土の観光地などに比べれば、小さな家族資本による小笠原の宿泊施設など、規模も設備も不十分に映るだろう。しかし生徒達の高い満足度は、規模の小ささゆえの、手づくりサービスの実感によって支えられている。ホストとゲストの素直な心のふれあいがある。さらに、小さな村を挙げてという表現がけっして誇張ではないコミュニティの歓迎態勢は、よそでそう簡単にまねができるものではない。港における出迎え風景とか、特に出航時の見送り・お別れの演出など、生徒達が涙を流して感動するのがよくわかる。

もう一例、都立の上水高校は2005年に文科省の長期宿泊体験活動の研究助成を受け、12日間の「小笠原アドベンチャースクール」を希望者の中から40名選抜して実施、大きな成果を得た。担当の遠山裕之先生は、現地10日間に体験した数々のプログラム・メニューの質の高さを絶賛、戦跡訪問、登山、郷土料理、沈船や枝サンゴの海中観察、南洋踊り、ウミガメ保護、タコの葉細工、亜熱帯農業センター、ボニン囃、レンジャー体験、漁協見学、ボランティア活動など、生徒達の視野を広げ、新しいものを切り開く意欲を育む、小笠原の体験活動メニュー群の、「インパクトの強さ」を指摘した。

東京から25時間かけて行く所といえば、南米かアフリカ大陸である。そこまで出かけて2・3日で帰ってくる人はいない。教育旅行で小笠原へ12日間というのは、助成という機会に恵まれたケースではあるのだが、任意参加の研修科目としてであれば、長い日程のほうが望ましい。

小笠原は他地域に比べ、全体予算がそんなに大きく膨らむことがないという割安な地上費も大きなメリットである。したがって、短期なら短期なりに、長期であればさらにいっそう充実したプログラムの提供が可能、という小笠原の強みが実感されている。

以上は、２００８年1月16日に行われた東京都主催の「小笠原諸島の教育旅行を考えるシンポジウム」の紹介だが、先生と旅行業関係者で１００人の会場は一杯にあふれていた。小笠原の観光プロデューサーの立場から、今後折りにふれ、現場の事情をお知らせしたい。

（２００８・２・18）

新聞投書にこんな旅行の提案

本当の企画力勝負の時代になっている

こんなケーススタディがある。

①女性・27歳パートタイマー

義父が還暦・定年退職するから、お祝いとお礼の気持ちを込めて北海道旅行をプレゼントしようと思う。

②情報検索

旅行会社のツアーを調べ、ガイドブックもプレゼントしようと書店で探した。

③現在の商品

「北海道を食べつくす」「北のうまいものづくし」みたいなものばかり。どれもボリュームたっぷりの食が大きく取り上げられていて、がっかりした。

④顧客のニーズ

義父母は健康上の理由で豪華な食事を毎食とることができない。招待する側として、健康を害するような旅にはしたくない。同じような事情を抱えた人も多いはず。食事量を少なくするなど、融通を利かせてくれる宿を探すつもりだ。そんなニーズをくんだ旅行企画が見当たらないということに疑問を感じる。

⑤企画提案

旅に豪華な食事は付き物、という観念から脱却した旅行。例えば「北海道を旅して健康に」といった企画を望む。

これは3月初旬の朝日新聞朝刊の『声』欄に掲載された、ある読者の投書である。ご紹介した文面はほぼ原文のままだ。この投書に「豪華食事付きツアー見直せ」という見出しが付けられている。まずこの投書をした女性とこれを掲載した記者に対し、事実誤認を指摘しなくてはならない。食べつくすとか、うまいものづくしといった表現には、本当のところ「豪華な食事」という質的内容は何も含まれてはいない。単に量の多さが表現されているに過ぎないのだ。あるいは旅行の広告に、「豪華タラバガニ食い放題」などという安易なキャッチフレーズがふられていたのかもしれない。いずれにせよ、投書欄の記者に「見直せ」などと威張られるいわれはないが、この投書をしてくれた女性の指摘には、旅行業のマーケティングにとって、はなはだ今日的な意味が多く含まれている。

まずは①の立場から旅行をプレゼントする、という人がけっこうたくさんいるに違いない。団塊世代のみならず、それ以上の世代も、モノについてはもはや十分過ぎるほど持っている。だからプレゼントも形のないもの、言ってみれば文化的な消費に向かいがちとなってきた。という傾向からすると、旅行の商品券などというのはかなり気の利いた、持ち運ぶ手間もない、スマートな品目なのである。

次にこの女性は、②にあるように、ツアーのみならずガイドブックまでプレゼントしようとしている。用意周到というより、旅行の情報もセットにして贈ろうという気配りである。旅行の楽しみは出発前から始まるのだ。

③は実にアタマが痛い。企画担当者が若く、あまり豊かとは言いかねる境遇にあるとした場合、彼らの企画がどうしても、安くたくさん、できることなら食べ放題といった方向に引っ張られてしまうであろう。普段の企画担当者の給料では、とても気安く北海道旅行なんてできない。とにかく安く、大勢のお客さんに行ってもらおうと頑張った結果が、この女性にとって大不満の原因となった。最悪なことに、今や北海道は安売り商品が猖獗《しょうけつ》をきわめ、旅行目的地としてのイメージと価値の下落までを招いている。

そして④の需要に対し、旅行業や旅館サイドの対応は十分になされているだろうか。大食いテレビ番組出演者ならいざ知らず、たいていの旅館の夕食の量は、まず2晩と続けては食べられない。実に持続不可能な、飽食日本ならではの不思議な現象はまだ続く。まったく疑問どころではあるまい。⑤の健康と環境は、これからのツーリズムの大切なキーワードである。徹底的な市場分析と、対応する商品の創出が期待されている。

というわけで、投書女性の分析と提案はまともすぎるほどまともである。市場の変化に対応できなければ旅行業は存続できず、わかっていても手を打てない向きがまた多い。

需要の最大公約数を追いかける時代は過ぎ、最小公倍数を狙う時代になっている。

（2008・6・16）

旅行会社のブランド形成とは

独自の価値を創りだす源泉「M・V・P」

旅行業をなりわいとする原動力はなんだろう。

そこには何らかの動機があるはずで、儲かるとか儲からないとかは、それに付随してくるべき事柄だろうし、まず稼ぎありき、というのではなかなか世間が納得してくれない。自分の経験からすると、「感動の共有」という言葉がひとつ、はっきり浮かんでくる。こんなすばらしいところ、自然、事柄、出来事、人などなど、自分の体験をほかの人と共有したい、同じように喜んでもらいたい、という気持ちが常にあった。

旅行・観光は有望な産業分野とされ、可処分所得の使い方の調査などにおいては、今なお旅行は人気の上位に挙げられているが、実際の消費行動からするともう10年以上、漸減傾向が続いている。国内旅行はかつての人気観光地全体に元気がなく、海外旅行は特にアジア諸国への商用旅客、目新しい旅行先などを除けば、大きな落ち込みといっていい。そして旅行会社の売上、会社数、就業人口もまたその傾向をなぞってきた。

旅行の需要は依然はっきりあるし、これからだって確実に伸びてゆくはずである。では、なぜ数字に表れてこないのか。それは市場に提供される商品や情報に新鮮味や十分な魅力がない、という理由が大きい。市場の質的な変化に、旅行業が対応できていないからではないか。旅行消費には時間とお金が不可欠だが、それ以上に「行きたい」と思わせる魅力がなくてはならない。逆に「どうしても行きたい」と思えば、それなりに時間とお金のやりくりはつけられる。世の中一般には、ますます時間とお金は逼迫しているものの、一方でモノに対する消費は飽和状態にあり、むしろカタチのない旅行などの文化消費がこれからの中心になるとは、多くの市場調査が指摘しているところだ。また旅行を目的ではなく、特定な目的のための手段として捉えるところからの商売にも、今後の可能性は高い。

今、日本全国にあるざっと1万社という旅行会社は、おのおのその存在理由があるのだろうか。よそとは違う旅行会社として、消費者にその違いをわかってもらえているのであろうか。取り扱う地域や商品、情報力、サービス、利便性、安心度、説得力などなどにおいて、「あの会社なら任せられる」というポイントが消費者の視点から、価格以外の面で評価されているのだろうか。という、ごく当たり前の判断基準をクリアできないかぎり、旅行会社としては淘汰の憂き目に直面しなくてはならない時代である。

自分自身で新しい価値をつくり出し、それが市場に評価され続けるところだけが生き残る。

そのような実態が、具体的なイメージとして表象化されたものが、かつて「暖簾」と呼ばれた、この節に言う「ブランド」だ。よそとの差別化なしにはまっとうな商売は成立せず、そのシンボルがブランドなのだが、同時にそれは顧客による信頼と評価の裏づけなしには存続しえない。こうした自己検証と覚悟が必要とされている。

『風の旅行社物語』という本が、ポット出版からこの3月に発行された。社長の原優二さんが同社の創立以来15年のあゆみを書き綴っている。「商売とは、自分にしかできない価値を、自分自身でつくり出すこと。そうでなくては儲からないし、何より面白くない」。こんな売り文句を原さんはオビにうたっている。この本を読むと、風の旅行社というブランドがどのようにしてできあがってきたかよくわかる。会社はけっしてひとりではできない。方向性が決まるまでの紆余曲折。お客さんの評価やスタッフの評価。運と不運。迷いと決断。選択と集中。当たり前のことばかり、といえばそのとおりなのだが、ことはそう簡単ではない。試行錯誤の連続でもある。はっきり言えることは、風の旅行社の商品にはプライドがある。「これがウチの商品です。これがその価格です」と、少なくとも担当者が胸を張って説明でき、説得し、売ることができる。納得して買い、満足したお客が次につながってゆく。その回転が扱い品目の多様化と深化をもたらす。そのエネルギーや雰囲気が、新しい社員をひきつけてゆく。徐々に確立されてゆくブランドのイメージが、顧客を選択する。商売としての難しさ、リスクは常についてまわり、これでいいということがない。風の旅行社が15年がかりでつくり上げてきた、ある種の使命感

(Mission)、明確な理念(Vision)、そして断固たる情熱(Passion)がこの本の中にるる述べられている。

およそ経営者からスタッフまで、初めの動機とこのようなM・V・Pがいちばんの基礎にあって、そのうえに旅行会社としての知恵、工夫、戦術などの努力が組み上げられてゆく。この本の誕生自体が、風の旅行社というブランド構築の一プロセスなのである。このような本が、旅行業界の手によって100冊、200冊と書かれなくてはならないだろう。

(2008・7・2)

第3章

次世代へつなげる観光と地域振興

世界一の豪雪をエネルギーに

「雪だるまブランド」ができるまで

雪は空からの手紙だと中谷宇吉郎は言ったが、「雪は空からのエネルギーだ」と矢野学さんは考えた。矢野さんは新潟県安塚町（現上越市安塚区）の町長だった人である。

安塚のあたりは世界一の豪雪地帯だ。積雪はゆうに5メートルを超える。人々は昔から雪と戦い、雪に押しつぶされそうになりながら暮らしてきた。若い人達は都会へ出てゆき、過疎の最先端地域とまで呼ばれたくらいである。

矢野さんは発想を変えなくてはならないと思った。雪から逃れるスベはない。なんたって世界一の積雪である。過疎はそんなに悪いことだろうか。住民の暮らしをどうする。皆が胸を張れるような地域にするための方策は……。

懸命な思考の末、たどり着いた結論が「雪を地域おこしのテコに使う」である。雪を安塚の物理的エネルギーと精神的なエネルギーに変えるための、矢野さんのチャレンジはこうして始まった。

まず大きな雪室《ゆきむろ》をつくった。冬に降った雪を溜めておき、夏の間の冷房エネルギーとして利用する。ここからの冷たい空気を米の貯蔵庫に使うと何年も味が落ちない。いつもコシヒカリの新米の味が楽しめることがわかった。道路を除雪すると両側に高い雪の壁ができる。その雪壁にずらりと穴をくり抜き、ローソクの灯りを入れてキャンドルロードをつくった。とても美しくなった幻想的な夜の雪道を、たくさんの人が見にきた。そこで、近所のおばちゃん達にお願いして「雪茶屋」を出した。彼女達の手料理を訪れる人々に味わってもらう。これが大ヒットとなり、雪の道に渋滞ができた。スキー場にも投資した。若い人達にも安塚に来てもらいたい。

しかし、日本の豪雪地帯は安塚だけではない。何か差別化することを考えなければと、ブランド・シンボルとして「雪だるま」を使うことを決めた。至るところに、雪だるまのマークや可愛らしい像が使われている。さらに、地域への旅客誘致の仕組みとして「雪だるま財団」を設立した。ここで外からのお客さんの予約・手配を行うと同時に、安塚のセールスにも出かける。つまり、インバウンド・オペレーターと、セールスやマーケティングのための機能を持たせたのである。

話題づくりにもチエをしぼった。安塚の雪をパックにして売り出してみた。面白がった人達が1パック3000円で買ってくれた。もちろん、注文してくれた人には宅急便でお届けする。たいして商売にはならなかったが、メディアがこれに飛びついて報道してくれたので、PR作戦としては上出来。露出量を広告費に換算してみたら、2億円分にもなっていた。

お客さんがやってくるようになると、町をもっときれいにしなくてはならない。そこで矢野さんは「景観条令」をつくって、すべての建造物を届出制にした。安塚の風景にマッチしないデザインや色使いの建物の計画には、個別に条令の主旨をわかってもらうべく説得した。外部資本の建物や屋外広告看板などについても同様である。大学の先生達にも協力してもらって景観審議会をつくり、インセンティブとして景観賞も設けた。

花いっぱい運動でも住民達の協力をあおいだ。春・夏・秋、町の歩道脇をずらりと色とりどりの花で飾る。これがヒットとなって全国の花関係の賞を総ナメにしてしまった。

桜の並木もつくろう。地域内の延長6・5キロの道路脇にせっせと桜を植えた。住民の意のある人に募金をしてもらい、矢野さん自身も1万5000円払って自分の桜を植えた。桜は成長が早いので、すでに若木はすくすくと育ち、雪国の春に花を咲かせている。

安塚地区のこれまでの道のりが、必ずしも順風だったわけではない。走りながら考えてきた。「全員のコンセンサスを取りつけて、なんて考えていたら何も動かない」と矢野さんは言う。懸命に走り続けるうちに、賛同してくれる人も増えてくる。最初のうち反対していた人々も、少しずつサポーターに回ってくれるようになった。

「住民一人ひとりが主役の、自信を持って住む、循環型の社会をつくろう」という矢野さんの挑戦は、こうして実を結びつつある。けっしてあきらめない信念、地域づくりの知恵と感性、そして住民の参加が、光り輝く安塚をつくり出しつつある。

雪は邪魔ではない、苦しいものではない、楽しいものであると地域の人達も考え始めてきた。ゆとりをもって雪に接するようになった。

都会から体験型修学旅行で訪れてきた中学生が、（ここには都会にあるようなものは何もないけど）「人がつくったものではなく人の心の奥に何かがある」と、詩にしてくれたことが矢野さんを喜ばせた。

人口わずか３６００人の安塚町は最近の市町村合併で上越市の一部となった。矢野さんの次なる目標は上越市を変えることである。

（２００５・11・28）

すべての観光行動をエコ化

進化する滋賀県のツーリズム

「滋賀県高島町の喜多品の周りは、古い板と漆喰壁の家々が軒を並べ、その家と家のあいだの道の真ん中に疎水が流れている。（中略）琵琶湖の西側の、この旧街道にあるかつての宿場町は、すぐ東側に湖畔があり、さらに西側の比良山系をのぞんでいて、その山系からの雪解け水や湧水が流れ来る。「湖西」と呼ばれてきたこのあたりには、比良山に近い小さな町が点在していて、いまもそこは豊な山里なのだ」（宮本輝『にぎやかな天地』中央公論新社）。

おそらく最高のタイミングで書かれたとしか思えないこの「スローフード小説」の中で宮本は各地の発酵食品を扱っており、古来からの手間隙かけた名品をいろいろ紹介してくれている。そしてこの湖西地区からは、3年あまりもの時間をかけてつくられる、似五郎鮒を使った鮒鮓の話が語られている。

ご存じのように湖西地区といえば、環境省によってエコツーリズム推進モデル地区に指定された地域でもある。滋賀県は新しい観光のあり方をさぐる取り組みに力を入れており、今年の3月には「滋賀ならではのエコツーリズム検討委員会」の報告書も発刊した。副知事を本部長とする部局横断型の観光施策推進本部も立ち上げた。滋賀が他府県に先んじてこうした方向性を打ち出しているのには、それなりの理由がある。

それは、近畿圏1400万人の生活と産業を育む琵琶湖を抱えているからだ。琵琶湖の水は近畿の生命線といってもいいだろう。これを汚してしまったら取り返しのつかない事態を招来する。つまり滋賀県は、琵琶湖のみならずこれに流入する河川、およびそれらの流れを生み出す全域の山野・森林など、すべてを含む環境全体の保全に関し、ほかとは比較にならないほどの周到な配慮を行なっているのである。

「滋賀県には琵琶湖しかあれへん」という自嘲気味のセリフが、かつてあった。しかし今や、この大きな湖の存在こそ、まさに天然無価の宝だし、周辺の豊かな里地里山、広範囲に広がる重層的な歴史・文化の深さも、けっしてお隣りの京都にも劣るものではないという、多くの県民の共通認識が生まれつつある。食の分野に見るなら先の鮒鮓などが、そうした好事例のひとつであろう。

したがって滋賀県は、観光振興を考えるに先立ち、何としてもこの琵琶湖を中心とした県全域の生態系環境そのものの保全を考慮せざるを得ない。いみじくも先の報告書は、「滋賀県でのすべての観光行動は、エコツーリズムを基本とする」とうたっている。この考え方に基づく、環境に負荷をかけない観光行動のルールづくりが検討されている。そして琵琶湖周辺の市町村を中心に、地域住民など関係者の理解促進を図り、意識を高めるための推進体制づくりが行なわれてきた。滋賀ならではのエコツーリズム推進シンポジウムなども、各地で数多く実施されている。自動車の利用度を低くし、自転車をうまく組み合わせるなどの「エコ交通システム」の研究も怠りない。

各地域におけるエコツーリズムの資源や取り組みについては、報告書の中で次のような例が挙げられている。

西浅井町……山門水源の森の保全と活用
マキノ地区……自然観察会の実施など各種体験プログラム
湖西地域……森と里と湖のミュージアム構想
志賀町……ウォータースクールでの「びわ湖自然体験学習」
伊吹地区……エコツアーの実施、特産品のコミュニティビジネス化
湖北地区……湖北エコミュージアム構想
びわ湖フローティングスクール……環境学習船「うみのこ」による航海体験学習
菜の花プロジェクト……菜の花を中心とした資源循環型社会のモデルづくり
河辺いきものの森……「河辺林」の保全と活用による各種プログラムの実施

滋賀県の琵琶湖環境部自然保護課がリストしている、同県の希少動植物リストを見ると、植物533、哺乳類38、鳥類57、魚類60、貝類105、両棲類22、爬虫類10、昆虫が114種もある。外来種問題で話題となったバス釣り騒ぎなどは、滋賀県全体のこうした生態系すべてのあり様にかかわるだけに、この地域にとってはけっしておろそかにはできない。バス釣り愛好家と釣り具メーカーなどが結託した、能天気な「釣りの自由論」など論外もいいところであろう。

湖周辺の地元で活躍するグリーンウォーカークラブの青木繁さんや、地域観光総研の吉見精二さんのような民間のオピニオンリーダー達が、「マスツーリズムのエコ化」に対して真面目に取り組んでいるのも頼もしい。琵琶湖を訪れる観光客の意識も、それなりの高いレベルに変化してゆくにちがいない。

（2005・12・12）

離島における観光開発の試み

九州・小値賀町の島嶼型ツーリズム

長崎県の五島列島北端に、小値賀島《おぢか》という小さな17の群島がある。

小値賀を中心に7つの有人島と10の無人島があり、行政的には人口3412人の小値賀町（山田憲道町長、世帯数1414）を形成している。人口減少に悩む、典型的な過疎の離島といっていいだろう。

小値賀へのアクセスは、長崎から小値賀空港へ1日2便、オリエンタル・エア・ブリッジという航空会社が、8人乗りのアイランダー機を飛ばしている※（所要25分）ほか、フェリーが佐世保から（2時間半）と福岡から（5時間）、高速船が佐世保から（90分）毎日運航している（佐世保からの船便は1日7便）。

小値賀に人が住み始めたのは、およそ2万5000年ぐらい前、朝鮮半島と日本が陸続きだった頃とされている。比較的急峻な山地が多い五島列島の中にあって、小値賀島のみは平地で周囲の海域も浅く、このため農漁業両面において群を抜いた生産量が可能であり、人口密度も高かった。ちなみに小値賀の人口最盛期は、1954年の1万1500人。以後、人口は日本の高度経済成長と逆のカーブをたどり、現在に至っている。

小値賀島の大きさは約15平方キロメートル、島の中心である笛吹郷から自転車で20分あれば、島のどこへでも行けるほどの小さなサイズだ。半世紀前の1万人を超える人口は、むしろ過密といっていいくらいであり、それだけにこの地における農漁業の豊かな生産性がしのばれる。

7～8世紀の頃、遣唐使の船の多くは、このあたりに寄港しながら大陸へ渡った。上海方面からの船も九州本土・福岡などへの前に、ここに寄るのがふつうだった。出土品などからもインドシナ、中国、朝鮮方面との交易が盛んであったと推測されており、江戸時代まで小値賀は五島でいちばん国際色の豊かな港町だったらしい。また、江戸から明治時代を通して、捕鯨がよく行われていたことも知られている。

歴史的な面での魅力のひとつに「隠れキリシタン」がある。16世紀の中頃から、このあたりにはキリシタンが住み始め、1614年の禁令以後も彼らはひっそり生き続けた。小値賀のとなりに、やはり周囲20キロメートル足らずの野崎島がある。ひと頃1000人ほどが3つの集落に住んでいたが、1975年に人口は130人となり、今世紀に入ってとうとう無人島になってしまった。この島の野首《のくび》という地域がキリシタン集落だった。明治初期の1882年に教会が建てられ、1908年に建て替えられた野首天守堂は現在も長崎県の文化財として、無人の集落に残っている。

同じ小値賀町にありながら、野崎島のほうはほかの五島列島なみの急な山地であり、島の7割は原生林に覆われている。島のごく一部、びっくりするほどの急な南向き斜面にだけ、段々畑の石組みが何十段も残されている。どうやって、どれだけの時間をかけて、あれだけの畑づくりがなされたのかを考えると、今やそこが無人の地となっているだけになおさら、不抜な人々の営みに呆然とする。今はこの島に約500頭の野生の鹿がはびこり、全島をわがもの顔に跳梁している。

現在、野崎島の3つの廃村は、わずかに残った家屋が日々に朽ち、段々畑の石組みも毀《こぼ》れつつある。廃村も山道も畑も、このままでは鹿に荒らされつつ、やがて森の中にのみ込まれてしまうかもしれない。

さて小値賀町は、この野崎島をテコに、エコツーリズムによる町おこし・島おこしを考えている。数年前に「自然学塾村」をつくり、NPO法人にした。1985年に廃校となった、野崎小・中学校の校舎に手を入れ、自然体験教育用の宿泊施設にしたのである（100人収容）。小値賀島のほうに数軒の旅館・民宿があるので、両方あわせれば200人程度の収容人員である。これをベースにキャンプ、カヌー、魚釣り、ハイキングといった野外活動中心の「島と海」の体験プログラムを組んだ。そして少しずつながら、九州本土から児童・生徒がやってくるようになってきた。

野崎島は無人島と紹介したが、実は通年たったひとりの住民がいる。島の自然学校管理人という肩書きを持つ瀬上孝幸さんだ。目下、この島に人がやってくるのは6月から9月にかけて。「3月から5月の春、10月・11月の秋も、とてもいい季節です」と瀬上さんはアピールに懸命である。冬だって、野首天守堂を使ったクリスマスのイベントや音楽会ができる。外側はレンガ造り、中は木造の小さな教会は、素朴なステンドグラスがとても美しい。島の歴史とあわせ、この教会のたたずまいには信者ならずとも強く魅せられるであろう。

小値賀島のほうでNPO学塾村専任プロデューサーとして、島外へのセールス活動などに従事しているのは高砂樹史《たかさごたつし》さんである。

この2人が現場の中心となり、小値賀のアイランド・ツーリズムが始まった。

（2006・2・6）

※2008年7月現在は長崎―小値賀間の航空便運航は休止中。

持続可能なツーリズムの展開

「おぢか観光公社」立ち上げに期待

長崎県は五島列島・小値賀町《おぢか》、アイランド・ツーリズムの続きである。

前回ご紹介したように、小値賀にとって観光というのは全く新しい動きである。五島列島の中でも例外的に平坦な地形にある小値賀は、アワビなども全国有数の収獲量があるし、フグ、ブリ、アラなどの一本釣り漁業でもよく知られている。農業ではメロン、すいか、さつまいも、ブロッコリー、ピーナッツのほか、台風シーズン前の8月に刈り入れる早期米が採れる。若い人達が離島の暮らしより都会を選んでしまうから、人口減少には悩むものの、けっして貧しい地域ではない。むしろ、ほかがうらやむほどの豊かな地域なのである。

しかし、定住人口が少なくなってゆく中で、少しでも交流人口を増やそうという試みを小値賀町は始める。町の産業振興課で商工観光係の係長をしているのは、牧尾豊さんだ。机を並べて、「じげもん（この土地固有の産物）推進班」の永田敬三さんがいる。同じく神崎健司さんは、毎年3月の「おぢか国際音楽祭」に入れ込んでいる。いってみれば、町役場の産業振興課が町おこし・島おこしの一環としてツーリズムに対する取り組みを開始したばかり、未だ手探り状態にあるといっていいかもしれない。

しかし牧尾さん達は、小値賀が持つ観光の可能性を正確に把握している。小値賀ならではのアイランド・ツーリズムを志向する、というのが基本路線だが、ブルーとかグリーンも、多分にエコツーリズムの概念も、この中に含まれている。マスツーリズムは非現実的であり、サステーナブルなものでなくてはならない。

島の人々は小値賀に高いプライドを持っていて、良い意味で保守的だ。彼らに受け入れられ、支援・協力してもらえるようなツーリズムを育てなければならない。産業振興課としては、新しい観光への取り組みを主導しながらも、町民に対する普及促進という情宣も積極的に行う必要がある。無用な反発を招いてはならないし、島の自然や文化、人々の暮らしとツーリズムをうまくなじませてゆく必要がある。

おそらく、そんな小値賀ツーリズムのシンボルとなり得るのが、小さなキリスト教会がある隣の無人島、野崎島だ。

牧尾さん達は、小値賀の観光素材として漁業や農業の民泊を増やせないかと考えている。小値賀の人々の暮らしと密着した観光、カヌーを使った小値賀17島の活用、絵に描いたような理想的なエコツーリズム・フィールドに野崎島との組み合わせ。数は小さくても、少しずつ着実に小値賀の良さをわかってくれるファンが増えてゆけばいい。そのためには、少なくともここに2泊以上滞在してもらえるプログラムを多く用意する。

古墳時代からの豊かな歴史を語れる人材も不可欠である。島のベテラン達を起用できないだろうか。

島のじげもんには和牛があり、鹿肉があり、海産物など挙げればキリがない。おぢか焼きという陶器だって、体験型観光の素材であろう。

ペーロンまつり、ファミリーあじ釣り大会、町民文化祭、わが家の自慢料理コンテスト（3月の卒業時期に島を離れる子供達に「すばらしい故郷の味をしっかり覚えさせ、送り出してやろうと、お母さん達の気の入れようはすごいのです」と、じげもんの永田さんは誇らし気だった）など、島を訪れる人達が参加したら楽しそうなイベントも多くある。役場の総務課は「あなたの知っちょるおぢか探検隊」という島民新聞のページで、小値賀ならではの〝おたから探し〟を推奨している。

もちろん小値賀全域は、西海国立公園の中にある。海洋自然と島々の風景は、文字どおり「天然無価の宝」そのものである。

このような良質な素材を組み合わせた「小値賀型アイランド・ツーリズム」の可能性は相当に高い。

たぶん小値賀は、その島嶼としての特性から、町、観光協会、NPO学塾村が一体となったインバウンド・オペレーターを必要とするのではないだろうか。各地で自治体がイニシアチブを取る着地・受け入れ型のオペレーターが活躍し始めているが、「おぢか観光公社」のような組織の立ち上げこそ、この地域のサステーナブルな観光開発の中核となるにふさわしい。島民のボランティア参加も求め、野崎島の自然・文化の保全、全域の森づくり、自然利用分担金システムの導入までを含め、全国の離島ツーリズムの理想的かつサステーナブルな事例展開が期待されている。

（２００６・２・20）

大都市近郊のエコミュージアム

住民主導で我孫子市に文化再開発モデル

「手賀沼のほとり心輝くまち 人・鳥・文化のハーモニー」

どこの町のキャッチフレーズか、これだけでわかる人はどのくらいいるだろうか。もう少し手がかりを加えてみよう。

北を利根川に、南を手賀沼にはさまれた、東西が14キロメートル、南北およそ4〜6キロメートルの細長い地域。といえば、千葉県の人ならおよその見当がつくはずである。

上野から常磐線で約30キロメートルのところに位置する人口約13万人の我孫子《あびこ》市。関東平野の真っ只中といって良い、広々とした田園風景が広がる一帯である。一般的には、東京近郊の新興住宅地というイメージがあるかもしれない。たしかに1960年にはこのあたりの人口は3万人前後というレベルだったから、日本の経済成長と共に急速にふくれあがってきた地域と見ていいだろう。しかし市街地を抜けるとすぐに、見晴らしの良い平野がひらけていて、「おや」

と意外な気がするくらい、開放的な雰囲気である。

このあたり一面は利根川流域の広い湿地帯だったようで、手賀沼一帯の干拓事業には江戸時代から大きな努力が払われてきた。おそらく当時と比べれば沼地の面積は3分の1以下になっている、というのが地元の人の説明である。そのぶん、相当に肥沃な農地が増えたことになるが、利根川が氾濫して洪水に苦しむなど、関東平野の水郷ならではの苦労が絶えなかったようだ。

しかし現在の手賀沼周辺には公園や水生植物園なども整備され、一帯の田園地帯を含めて、コスモス、あやめ、ひまわり、レンゲ、桜並木など、四季折々の花の風景も楽しめるようになってきた。オオバンなど沼沢地ならではの野鳥も多く見られる。冒頭のキャッチフレーズは、このような地域の特徴をアピールしようというものだ。

かつてこの手賀沼は、全国でも有数の水質汚染地域だった。急激にふくれあがった人口に下水設備が追いつかず、生活廃水が沼に流されてそのまま下水化するという、あまたに見られる現象が起こっていたのである。近年の環境に対する意識の変化が、このような状況を急速に改善しつつある。まさに心輝くまちとして、一刻も早く自然と人のハーモニーを取り戻さなくてはならない。

この地で江戸時代から私財を投げ打ち、干拓事業を進めた豪農の家屋敷がある。かつては茅葺きだった大きな母屋と、修理が行き届かないままになっている蔵などがあり、どっしりとした門構えと塀に囲まれた佇まいが、当時の雰囲気を今に伝えている。ここの当主井上千鶴子さんは14代目となるそうだが、もはや自力ではこの「遺産」が維持できないと、地元有志の協力を得て「相島芸術文化村」という名のもとに一般開放、絵画・彫刻・民具の展示をしたり、音楽会を催したりしている。井上さん達はこの文化村をベースに、江戸時代の渡し舟を復活させるなど、手賀沼を中心とする自然、文化、人々の暮らしを包む「エコミュージアム」構想を進めたいらしい。そのために、幅広い地域の人々の参加と県や市など自治体の協力、助成を求めている。

我孫子のあたりでこのような運動を進めてゆくためには、いわゆる「新住民」の協力をも得なくてはならない。昔からの原・我孫子住人は、もはやそう数多くないからである。言葉を換えていうなら、新しい「郷土意識」創生のためのシンボルとなるべき事業を目指す、ということにもなるであろう。このような動きを前進させてゆくためには、県下の大学など研究者の参加・協力も不可欠である。エコツーリズムでいう「地域のおたからさがし」に通ずる、民・官・学の知恵とエネルギーを集結させる必要がある。文化というソフトのための、いわば新しい形の公共事業という考え方もできるし、住民主導による自律的な観光地づくりともいうことができる。この先、十分に時間のゆとりを持つ団塊世代が、大都市郊外においてこそ大量に出現するであろうことを考え合わせると、こうした運動は意外に大きなサポーター群を獲得し得る可能性がある。

観光を常に商工業などの経済活動と対比させ、「人を呼び込み収入増を計る」という面でしか考えないのでは、しょせん大した展望を切り開くことはできない。

「地域社会の人々の生活と、そこの自然・社会環境の発達過程を史的に探求、自然・文化・産業遺産を保存・育成・展示することで地域社会の発展に寄与する」というエコミュージアムの定義に従うなら、まずは井上さん達の運動が地域住民にとって、より住み良い環境づくりのシンボルとなり、強い参加意欲とプライドの創出につながるようになれば理想的である。

ツーリズムといい、経済効果といい、それはひとつの結果として立ち現れてくるであろう。そんな視点からすると、我孫子の動きは注目に値する文化再開発モデルだ。


（2006・3・6）

「安曇野アートライン」という試み

美術館・博物館の地域活動と大学の支援

「美術館、博物館が新しい生命力を住民の中に生み出す、そういう力を持っていなかったら、存在する意味がありません。結果として、博物館、美術館がそのひとつのゾーンを形成して、日常生活の延長線上にありながら、かつある種の活力の満ちた雰囲気をつくることができたら、それは成功だと思います」

今までの美術館や博物館は閉鎖的で、あまり地域住民とのかかわりがなかった。そうではなく、館外にも目を向け、周辺の人々や生活環境といかに対話していけるか。日常生活とかかわって、人々の生活をより豊かなものにできるよう機能していけるか。そこが美術館や博物館にとって一番大切なことではないか、と安曇野アートライン事務局長の小林明さんは語っている。

つい最近、松本大学の副学長をされている住吉広行さんが、『地域と美術』（松本大学出版会）という本を送ってくれた。サブタイトルに、「うるおいのある生活を求めて――新しい観光への誘い」とある。

松本大学は06年度から「観光ホスピタリティ学科」を開設することになっており、この本はそれに先立つ企画として開催された、松本・安曇野の人々のための本格的な公開講座、7回分の講義録である。

めったにないくらい力の入った講義ばかりだが、演題と講師を見るとこんな具合いだ。

1 観光と学校と美術館　松本猛氏
2 信濃デッサン館と無言館　窪島誠一郎氏
3 安曇野アートライン活動の7年　小林明氏
4 地域と美術　木村重信氏
5 地域と美術館　石丸正運氏
6 人に優しい美術館づくり　原田泰治氏
7 旅と美術/美術の力で地域を活性化 山根宏文氏

新しくツーリズムの学科をつくるという、住吉さん他の松本大の意気込みが伝わってくるシリーズで、直接これらの授業を受けられた方々はずいぶんラッキーだったと思う。講師の顔ぶれ自体が相当なレベルだ。なかでも冒頭に引用させてもらった、小林明さんの安曇野アートラインという構想は、今後の「地域の観光」を考える場合、大変参考になるケースと思われるので、そのあらましをご紹介する。

ご存じのとおり安曇野というのは、松本から北へ大町、白馬へと至る、北アルプスのふもとに広がる平野部である。穂高連峰、常念、燕、槍ヶ岳、鹿島槍、等々が並ぶ日本きっての壮大な山岳風景を誇る一帯で、上高地を背後に持つ長野県随一の観光エリアと言っていい。

安曇野アートライン構想は、「この一帯に点在する16の美術館や博物館を有機的に結ぶ広域的ルートとして、利用する人々の利便と享受の質を高めると共に、このゾーンへの観光と誘客を引き出し、安曇野全体の文化芸術の長期的な連携と発展を期す」、というものである。これに参加しているのは、ラフォーレ白馬美術館、安曇野ちひろ美術館、池田町立美術館、豊科近代美術館、碌山美術館、大町山岳博物館、酒の博物館、塩の道博物館、アルプス温泉博物館、大町郷土玩具博物館、東山低山帯野外博物館といった顔ぶれである。

これらの美術館などがアートライン推進協議会を形成、ひとつのまとまりとして共通割引券を用意したり、巡回バスを導入したりして、安曇野を訪れる人、地域の人々が気軽にこのような宝を利用してもらえるようなシステムづくりを目指している。もちろん地域の児童・生徒達の教育にも十分に役立ちたい。行政とも協力しながら効率的な宣伝・広報、ルートとして名称の定着、案内看板の設置などにも力を入れる。財政面からしても多くのタイアップや協力が必要である。

そして小林さん達が目指すのは、長野県各地に同じような動きをつくり出し、最終的に「信州アートライン」として売り出そう、というところである。

地域の持てる宝にこのような形で光を当て、地域の大学が積極的にサポートを行い、行政や観光協会と協力しながらツーリズム振興に役立てると共に、地域の人々の生活にうるおいと活力をもたらす。子供達の教育も十分に視野に入っている。こんなアイデアが前進・進化していけば、本来的なすばらしい「エコ・ミュージアム」に発展してゆくだろう。

この講座は、文科省が進めている「特色ある大学教育支援プログラム」の第1回に採択されたと後記にあるが、大変にすぐれた計画であり、味のある支援でその講義録がしっかり出版されたことも含め高く評価したい。

地域の観光行政にかかわる方々、研究者諸氏にも、ぜひ一読をすすめたい。なお、当書は流通に乗っていないと思われるので、ここに松本大出版会の電話（0263・48・7200）と、FAX（0263・48・7290）を記す。直接発注されたい。

（2006・3・20）

富士山の環境改善に具体策を

観光立県・静岡の躍進計画で欲しい視点

静岡県の生活・文化部観光コンベンション室から、「おもてなし満足度日本一をめざして」という見出しがふられた色刷りのパンフレットが届いた。

「ありがとう。また来ます。すべての旅行者から、その言葉をいただくために」という文言が、メインタイトルのように印刷されている。表紙の写真は例によって富士山と、09年3月開港予定の「富士山静岡空港」完成予想合成写真、菜の花の写真が組み合わされている。中には、05年から10年にかけて静岡県の観光に携わる企業、団体、市町村、県および県民が協働して取り組むべき、観光振興上の具体的な政策が取りまとめられている。それぞれの地域が魅力を磨き、「おもてなし満足度日本一」の観光地を実現していきましょう、と呼びかけているところを見れば、このパンフレットは県が県民に呼びかけるメッセージをざっとまとめたもののようだ。

静岡県内には先述のとおり、もうすぐ2500メートル滑走路を持つ空港がオープンする。

中韓はじめアジアの国々や国内主要都市との空路によるつながり、というのが県が大きく期待する、今後の静岡躍進のためのインフラであるらしい。成田があんな状態のままでは、静岡としては何としても自前の空港を持たない限り国際化もままならぬ、というのが県の言い分である。静岡の実力を持ってすれば、十分なペイが見込めるのであると……。

さてパンフレットを開くと、（1）県の観光の目指す姿として「富国有徳の魅力ある地域創造」という目的、さらに使命、目標、基本姿勢が数行ずつ。（2）は行動指針と役割。こだわり、旅行者の視点、つながり、自己の向上、経営、など10項目の心がけと、各事業者から国、さらに旅行者まで、13の主体に期待される「こうしようよ」が並ぶ。次に（3）戦略展開の基本的方向性として、静岡県観光ブランドの構築、魅力づくりのテーマ、２０１０年度の数値目標、誘客対象やシーズンの平準化が挙げられている。ちなみに数値目標は、リピート率50％、経済波及効果1兆１２８億円、平均宿泊数１・36日、客数1億４０００万人。そして（4）戦略の展開は魅力の向上、誘客の仕掛け、社会基盤づくり、人間力の向上、経営力、という5つの項目に12の戦術プランがまとめられていて、マーケティング上の商品、販促、流通からネットワークづくり、インバウンド・コンベンションと、あらゆる要素がもれなく並べられた。

実はこの「観光しずおか躍進計画」をまとめるにあたり、県は観光交流懇話会を設け、８人の委員を任命、約1年にわたり6回の検討会を行った。自分もその委員の1人である。

で、このパンフレットと共に、70ページあまりの報告書がまとめられたのだが、ここに触れたのはそれからの抜粋である。県知事は四文字熟語がお好みのようで、「富国有徳」のほかに「創知協働」というのも、あらゆるところで使われている。

ご他聞にもれず、観光立県をうたうこの報告書も、あらゆる事柄がてんこ盛りになっている。もっとメリハリをつけられないかと、それなりに注文をつけはしたが、結果的には当り障りのないものばかりになってしまった。

それでも、報告書の末尾には「重点テーマの施策展開」というのが9つ挙げられているので、それらを紹介する。①富士山ツーリズム、②ウェルネス・ツーリズム（温泉・健康）、③芸術探訪（舞台・文学・映像文化）、④まち歩き（歴史・街道、にぎわい空間、都市文化）、⑤エコツーリズム、⑥人紀行（著名人、技、人を魅了するガイド・女将など）、⑦食、⑧花、⑨ものづくり（産業、コンベンションなど）、となっており、それぞれに活用すべき資源と展開例が列挙されている。

県の立場としては、あらゆる方面に目配りをきかせたものとせざるを得ず、このような総花的なものになってしまうのは、わからなくもない。しかしながら、富士山ツーリズムの項を見てみると、展開例に富士山の利用ばかりが並べられていて、保全とか環境改善への視点はほとんど消されている。たとえば「自然保護活動の促進と旅行商品化」「公共交通の利便向上とマイカー規制」あたりに、チラリとその片鱗がうかがえるにすぎない。全域のゴミ問題、環境分担金の導入、世界遺産へのロードマップなど、てんでお構いなしである。

新幹線に乗るとおわかりのように、富士を真正面に見据える新富士駅あたり、町並みには製紙工場などの高い煙突が林立していて、日本一の景観を損うことおびただしい。それへの対処も掛け声ばかり、具体策はナシのつぶてだし、屋外看板、電柱、白いガードレールという「景観ぶち壊し3点セット」も依然健在である。

こうしたところまで踏み込むべきだと言ってはみたものの、結局は全部オミットされてしまった。静岡県ともあろうものが、すべて富士山に依存のこの県が、これではね〜。

（2006・6・5）

観光立国を徒花《あだばな》にさせないために

日経研究センターのシンポジウム

去る6月19日、日本旅行業協会（JATA）総会後の懇親会に、なんと30人もの国会議員が顔を出していた。例年はほんの数人来てくれるのがせいぜいなのにと、関係者一同がびっくり顔である。

これは何といっても「観光立国」効果であろう。折しも観光立国推進基本法成立に向け、あるいは同時にエコツーリズム推進法の実現に向け、努力を続けてもらっている方々が少なくなかった。両法案とも、時間切れにより国会提出は秋の臨時国会へ繰り越しとなったが、こうしたことが前に進み始めたことを喜びたい。今後、これらの法律に基づいた「基本計画」がつくられてゆく。関係者の支援関与が必要なのは、むしろこれからである。意のあるところを十分汲み上げ、積極的に協議を深めてもらいたい。

といったところで、こちらは6月16日に大阪で「シンポジウム・日本の観光産業競争力＝観光立国の戦略と課題」という催しがあり、出席した。

一昨年から2年がかりで日本経済研究センターは、日本の観光産業競争力研究会（座長は石森秀三さん＝北海道大学大学院観光学高等研究センター教授）を続け、2冊の報告書を出した。初めが『文明の磁力としての観光立国』、2冊目が『観光立国の戦略と課題』である。

それで、大阪のシンポジウムは同研究センター主催により、石森さんの基調講演が上記の報告を踏まえて行われ、続いて武庫川女子大教授の高田公理さんや、平安女学院大教授の清水宏一さんの話を聴く機会があった。そこで、アカデミズムのほうからの、観光立国にかかわる話のエッセンスを少しご紹介したい。

石森さんは、小泉さんのお声がかりで始まった観光立国の大合唱が、彼の退場と共に終わってしまう単なる徒花なのか、きちんとしたこれからの総合的観光政策へとつながってゆくのか、予断を許さないと言う。日本人のライフスタイルや価値観、社会構造までを含めて、成熟した美しい姿に変えてゆく使命がツーリズムにはある。日本という文明のシステムを装置系と制度系というサブシステムに分けるとするなら、戦後の日本はこれをいささか、というより相当程度、装置系に偏らせつつ、経済成長・効率のみに的を絞り猛進した。ここに至る段階で失ったものも、無視してきた事柄も少なくない。今やその軸足を制度系に移し、文化開発促進法や休暇取得法などを整備、文明の磁力を十分に発揮できる魅力的な国づくりを図らなくてはならない。国土の美化、もう一度訪れたいと思わせる地域の磁力を高めること、あるいはツーリズム全体の「質」

を高めるために、観光学が担うべき役割はいよいよ大である——といった趣旨のお話だった。

まさに、観光立国という動きを一時の徒花に終わらせないようにする仕組みこそ、先の基本法であり、その先の「観光省」である。自民党観光特別委員会の愛知和男さんは、「まず観光庁を内閣府の中につくり、観光担当の国務大臣を据えたうえで、れっきとした観光省へという道筋こそが最も望ましい、あるべき姿だ」と語っている。旅行・観光業界においてこそは、このような動きを、挙げて強力に支えてゆく気構えが必要かと思われる。

今までにも何度かふれたが、実現可能な方法として愛知さんは、「ともあれ国交省の中であろうがなかろうが、『観光庁をつくる』ということが大切なのだ」と言っている。この変化こそが重要なのであり、けた違いの進歩であると。そこから先はまた、状況を見ながら、あるいは必要に応じて変えてゆけばいいという考え方らしい。

国際的な観光客の動きは、沈滞する日本のアウトバウンドにはお構いなく、昨年8億人から2010年には10億人、2020年には15億人というのが世界観光機構（WTO）の予測である。各国、特にアジア諸国はそれこそ総力を挙げて、このような動きをフォローしようとしている。さらにWTOは、中国人の外国に出かける旅行者数を2015年に1億人と予測する※。アジア諸国各地に姿を現している巨大空港。まさに観光をめぐる大競争時代が幕を開けているのであり、日本人の古い認識こそ早急に変えていかなければならないと、石森さんの指摘は明確である。

こうした流れも見据えながら、日本はこれから制度系資本である文化資本に力を注ぐべし、つまり文化資本というのは「国民生活の質的向上に必要不可欠な無形資本」であり、それこそが「日本の文明システムの磁力の強化」にほかならない、という結論。もう、豊かさの追求なんていうのはいい加減にして、その次に来るべきものを求めていかなければならんと、石森観光学は遥か彼方を見すえている。

（２００６・７・17）

※２００８年現在、日本は中国からの旅行者に対し、いまだに厳しい査証発給制限をしている。在職証明や預金の残高証明を提出させたりするほか、指定業者による団体旅行だけしか受け入れていない。このため07年では日本から中国への旅行者数が３９８万人あるのに対し、中国から日本へはわずか９４万人にとどまっている。ちなみに07年の中国人の全外国旅行者数は４０９５万人。

観光振興も時には身の危険覚悟

京都におけるサステーナブルへの挑戦

さて、大阪における「日本の観光産業競争力研究シンポジウム」の報告の続き。

平安女学院大学の清水宏一教授は、ついこの間まで京都市の「観光政策監」だった。よけいなことだが、役所の中によくこの「監」という役職名を見る。何かなと辞書を引いてみたら、「とりしまること」「見張り」「ろうや」とあった。まあ、それなら京都の観光政策を見張ったり、取り締ったりということだから、事実上のディレクターといった役割か。

以前、この欄で京都市が5000万人観光客の受け入れという数値目標で懸命だが、いかがなものかと書いた、その5000万人の旗振り役が清水さんだった。彼は最近6年間、京都市の観光振興に携わり、特に冬期、オフシーズン対策にかなり力を注いだという。

京都市の宿泊施設における年間利用率は、なんと84%。残りを冬で埋める。もはや、春から秋までは「どうにもならないくらい」込み合っている。そこで、5000万人達成のために清水さんが立てたプランは、①宿泊客の増大、②ホスピタリティの向上、③外国人客の誘致、④サステーナブルな観光の促進、といった事柄だった。もうすぐ5000万人になる入洛観光客は、平均1万1743円しか使ってくれていない。せめて宿泊くらいしてもらわないと、というのだが、その余地はもはや冬にしか残されていないのが実情だと、まあすごいのである。

しかし、2000年度に3500万人だった観光客を2010年は5000万人にというスローガンは、まさしく「錦の御旗」で、これによるキャンペーン効果は絶大だったと、清水さんは自讃する。このスローガン抜きには、儲けでしか動かない京都人を絶対に動かすことはできなかったと。

京都市街の景観を一番損なっていた電柱を埋める動きが、ようやく始まった。観光客が増えたお陰で寺社仏閣の収入が増え、それでお寺さんがきれいになってきた。市は収入増により、宣伝に金が使えるようになった。なんといっても観光は宣伝ですと、清水さんの鼻息はすこぶる荒いのである。京都冬の旅キャンペーンというのはたしかによく効いて、ほかならぬこの自分も、今や京都旅行は冬にする。

ともかく、清水さんは上記のような方向で119もの諸施策を完遂、第2次121施策というのを発表し、推進するのだと。

そこで自分は、オフを埋めて通年いっぱいにするという方向に問題はないが、それで人と車が年中あふれ返って身動きもならぬ京都で、果たしてお客さんは満足するのか。果たしてサステーナブルとはいかがなものか。と、いささか意地悪く突っ込んでみた。宣伝で初心者を引っ張り込んできたところで、満足度が低くては本末転倒にならないか、と聞いた。

宣伝で仮に新規の1000万人が来たとしよう。しかし、そのおかげで既存の4000万人の満足度レベルが下がってしまったら、どうなるのか。清水さんいわく、車の問題と町並み景観については十分にわかっていて、かなりの気を使いながらいろいろな対策を考えている。街のビルの高さ制限が30メートルから15メートルになる※。車の進入規制地域をつくる。マクドナルドの看板も、京都では形色を変え目立たなくさせている、うんぬん。保守的な京都では多くの抵抗勢力が跋扈し、彼自身がけっこう身の危険を何度も感じるほどの目に遭ってさえいる……というのである。

身の危険ですよ。あーた。短期的な経済効果と長期的な観光地の質的向上というベクトルが、これほどまでに具体的な形でぶつかる体験談を、自分は初めて聞いた。彼はそれら抵抗勢力の5つをあとで語ってくれたが、ここには書かない。ともあれ、市の職員という立場にあってなお、ツーリズム振興の仕事をしていて身の危険だなんて、まるで各地方自治体の「産廃担当課長さん」並みのお話ではある。

ともあれ、京都市はそれなりの、というかそんな苦労までしながら、5000万人の先を見つめつつ頑張ると、そんなお話だった。清水さんは市の職員という現場を離れ、今度は大学という場に身を置いて、これから先への動きを支援するという。

京都の寺がきれいになったというが、自分の見るところでは各寺の駐車場が周囲の森を伐って、拡大整備されただけに見える。もうひとつ言うなら、寺の説明をかつては坊さんが丁寧にしてくれていたのに、録音再生装置によるスピーカーでのそれに代わり、実にうざったくなってしまったことか。つまり、観光客の量をこなすために、京都の各寺院がそれぞれ持っていた独特の「幽玄さ」が、寺の内外において大きく薄れてきているのである。

といったような事柄も、おそらく清水さんは先刻ご承知のはずである。抵抗勢力にやわらかく対応しながら、根気よく具体策を進める力は、並大抵のものではあるまい。

（2006・7・31）

※大通りに面したところは45メートルから31メートルへ、道路に囲まれた内側は31メートルから15メートルへ。

特定市場・季節を狙う外客戦略

「190ヵ国非核同盟論」という別の視点

最近、京都市は北海道のニセコと組んだインバウンド誘致策を進めている。ニセコと京都に何の共通点があるのか。

地方自治体のインバウンドといえば、どこも取りあえず韓国と中国を挙げている。京都としてもそれは同じである。しかしながら中国や韓国の人々にとって、大阪はいざ知らず、京都の歴史・文化というのはそれほど大きな魅力にはならない。自分達の方が何といっても本家であり、その歴史的背景だってずっと深いと思っているからである。

そこで清水さん（元京都市観光政策監）は考えたあげく、ニセコの動きに注目した。ご存じのとおり、北海道の冬には最近たくさんのオーストラリア人がやって来るようになった。積雪量はたっぷりで雪質も良い。手頃な宿泊施設が揃い、キャパシティも十分である。オーストラリアから7～9時間、時差もなく、欧米に行くよりずっと近い。日本人のもてなしもけっして悪くない。加えて、このところオーストラリア・ニュージーランドの冬は積雪量がとんでもなく不安定化してきた。

というような諸条件から、今や年間2万人近くものオーストラリア人が冬の北海道に詰めかけるようになっている、ということくらいインバウンド関係者ならよく知っている。そんな事情もあって、オーストラリアの航空会社は冬期の札幌便にけっこう力を入れているのである。

清水さんは、この札幌へ飛んできた冬のオーストラリア人達に「お帰りにぜひ京都へ」と呼びかけるマーケティングを展開しようとたくらんでいる。どのみち関西は札幌からオーストラリアへの帰路上にある。航空会社には、オーストラリア／札幌／大阪／オーストラリアという、2ストップオーバーの特別運賃を用意してさえもらえばいい。冬の札幌／大阪便なんて、日本国内の航空会社にとってもおいしい話であろう。オージー・スキーヤー達も北海道でスキーを楽しんだあと、京都での何日かが楽しめるとなれば、これは大きなボーナスである。どのみち彼らには、日本人のように何が何でも1週間で海外旅行を、などという安・近・短シンドロームは心配しなくていいだろう。オーストラリア人にはとりわけ、京都の文化・歴史ブランドは大きい。彼らの歴史的背景はアメリカ人やカナダ人よりもずっと新しいだけに、京都のようなブランドには一層弱いのである。

というわけで京都市は、インバウンド振興を特にオーストラリア人に特化し（それも冬だから、なおさら京都にとっては望ましいシーズンである）、キャンペーンを張っている。マトを絞って撃つ典型だ。

という話のあと、武庫川女子大学の高田公理さんが、まったく違う方向から京都へ球を投げた。

今の世界を悪くしているのは、ガサツな一神教である。ユビキタスともいうべき神々の遍在、アニミズムに近い素朴かつ柔軟な日本の神々というのは悪くない。だいいち、過去400年にわたる武装の放棄という伝統こそ（明治以降80年ばかり中断したものの）、世界に類を見ない日本のすばらしい伝統である。そこで「京都を世界にアピールしようと思うなら、世界の非核国190ヵ国に呼びかけて、『非核国同盟』をつくったらえーのや。京都が主導して、（国はそう簡単には動かんから）どんどんやったらえーねん」と言った。

世界中に、日本ほど緑にあふれた国はそう多くない。日本の文明力、日本の平和主義、自然と仲良く暮らしてきた人々。今や日本の文化はなべて外国化し、あるいはアメリカナイズされてしまった。唯一取り残されているのが京都なので、世界190ヵ国に京都が主導して非核同盟を呼びかけることによって、京都の「志」を示すことこそ、日本再生への突破口になるであろうと。

モノに満たされた今、日本人は本当の平和の意味を考えなければならない。平和なくしてツーリズムはあり得ない。京都がツーリズムのキャピタルを目指すのであれば、それは平和のキャピタル実現こそ最大の要諦であると、高田さんは非核国同盟、それも世界190ヵ国まで持ち出したのである。

俄然、これでシンポジウムは沸いたのだが、こう紙に書いたのでは「何をトボケたこと言うてんねん」になってしまうのかも知れない。

ともあれシンポジウムの締めくくりにパネリスト達から、これからの観光振興のキーワードとして、環境、健康、教育、国際、寛容、志、暮らし、格差、などなど、たくさんの「K」が挙げられた。

ゼニから少し身を引いたこのような閑談もまた、ツーリズムの質を語るに不可欠なように思える。

（2006・8・14）

一極集中の弊害を解消できるか

持続可能な観光地への白川郷のチャレンジ

知人が白川郷へ行き、仰天して帰ってきた。

まずはあの合掌造りの建物群の大きさと美しさに、そして訪れる人の多さに、である。長い時間をかけて今に至った「文化財」としての建物もさることながら、サステーナブルな観光という点に気持ちが傾いている知人は、まるで原宿の竹下通り並みの人であふれ返った世界文化遺産のあり様に、いささかしょげ返っている。

周辺の道路は大渋滞で、集落の人々の往来もままならない。大型観光バスが次々にやってくる高台では、観光客の集団記念撮影用カメラマンが大忙しでがなりたてている。白菜を洗うおばあさんに群がり、無遠慮なカメラを向ける観光客達。田んぼをつぶした駐車場にはディレクターチェアにふんぞり返ったおじさんと、どこも同じ土産品を並べた民家群がずらりと並ぶ。

旅館に入って地酒でもと声をかけると、「人手がないので自販機のビールを」とすげない返事。

それではビールのあてに地元の漬物でもと頼んだら、「満館で人手がないっつってんでしょ、夕食までお待ちを」と返されて、甚だブゼンとさせられたらしい。

一説によれば世界遺産に登録されて以来、白川郷への観光客数はうなぎ上り、年間140万もの人々がやって来るのだが、それらの平均滞在時間はわずか45分ほどだという。来て見て、写真をパチリ。手洗いに寄り、ついでにゴミを残すと、おみやげのショッピングもそこそこに風と共に去りぬというわけで、一体なんでこうなるのだと地元の人々も音をあげているようなのである。

駐車場をはじめとして入場料やおみやげなど、稼ぐ家の年収は8000万円ほどにもなるところがあるかと思えば、いわゆる観光公害に顔をしかめるだけで1円の収入にもならない農家まで、各戸の集合体としての魅力で客を呼びながら、受け取る利益という面では大変なバラつきも出ているらしい。

白川村の役場などもこうした諸問題をかかえながら、望ましい明日の観光のあり方を模索しているのだが、総論としては語ることができたとしても、個人個人の利害にからむ問題が多いだけにコトは容易ではない。いっそのこと世界遺産など返上してしまえ、という声が上がっても不思議ではないのである。いってみれば受け地側のツーリズム・マネジメントにおける、あるいはその欠如がもたらす諸問題が、今の白川郷に集中的に噴き出している。

そんな現状を見つめながら、日本エコツーリズム協会（JES）では2007年度の「全国

エコツーリズム大会」を現地白川村などと共催することになった。（P110・114参照）

文字どおり「持続可能な観光地の実現に向けて」というのが大会テーマである。

基調講演は宮城大学国際センター助教授のあん・まくどなるどさん。彼女はもう何年もかけて日本中の農漁村を訪ね歩き、文化人類学あるいは民俗学者としての豊かな知見と柔軟な発想による著作も多い。日本の自然や文化、人々に対する思い入れの強いカナダ人である。

6つの分科会メニューを見てみると、「冬を乗りきるアイデアとは」「教えてほしい、外国人へのおもてなし」「滞在時間をのばすには」「エコツーリズムの拠点としての『民宿』を見直そう～合掌造り囲炉裏談義～」「白川郷・環白山をエコ・ミュージアムにするには」「持続的・自律的な観光地と一極集中問題」などが並んでいる。

まさに、今多くの観光地が抱える諸問題について、サステーナブル、あるいはエコツーリズムという視点からさまざまな議論を、あるいは知見を聞いてみようという大会で、私は旅行業界に働く人達にこそ、たくさん出席してほしいと思う。

マスツーリズムによる観光公害がいろいろな方面で語られており、観光客と受け地側を結ぶ旅行業の責任を問う声はいよいよ大である。にもかかわらず、旧態依然の企画やオペレーションを一顧だにしない会社もまた多い。シーズンと地域的な集中・偏りについても、旅行業がイニシアティブをとることによって緩和させられるところは多いだろう。自然や文化を利用・活用することにより観光業や旅行業は成立しているのだが、それらの保全や育成についてのお返しはほとんどなされていないように見える。

観光資源というから、自由にいくらでも蕩尽させられると考えるならこれを資産ないし資本と言い換えねばならない。有限であり、かつその賢明な運用により育む、という考え方になりはしないか。観光客も、受け地側も、間をつなぐ旅行業も、等しくそのサステーナブルな進化を問われている。

（2006・12・11）

屋久島観光パスポート案

自然遺産の保全に訪問者の責務を

屋久島をお隣りの種子島から見ると、まるで南アルプスを海上に浮かべたように見える。そして島に上陸して見上げる山々は、ほとんど南信州の伊那谷から中央アルプスを間近に見上げるに似たスケールの大きさがある。

屋久島の最高峰は標高1935メートルの宮之浦岳だが、1000メートルを超える山々が48峰もあり、それらが直径わずか30キロメートル足らずの円形の島に密集している。したがって、険阻な山々を越えてゆく道路は杣道以外になく、かろうじて島を一周する108キロメートルの海沿いに道があるのみと言っていい。

屋久島の人口は1万4000人。以前は減り続けていたが、最近はIターン組の増加などにより横這い状態にあるようだ。

ここを訪れる観光客は年間およそ20万人。1993年12月に世界自然遺産に登録されて以来、ゆるやかな上昇を描いてきた。東京や大阪というメインの市場から遠く、旅行の費用もよそと比べれば高額にならざるを得ないことがその理由だ。最近はクルーズ船の寄港も増えており、06年は60隻が来島した。船旅の日程に屋久島が入っていると集客効果も高いと、船会社から喜ばれているらしい。

ここのところ欧米からのバックパッカーも来島し始めており、年間300人ほどに上る。お隣りの韓国からのツアーも見るようになった。今後、エコツーリズムに興味を持つ外国人旅行者もどんどん増えてくるに違いない。

というわけで、国交省が全国各地で行う「外客接遇」のためのセミナーが屋久島でもあり、自分も環境保全と観光の共生につき話をする機会があった。島の観光関係者やガイドさん達100人近くもの参加がある熱の入ったセミナーで、観光が島の基幹産業となっているところだけに意識も高い。

席上、屋久島観光協会会長の柴鐵生《しばてっせい》さんは、最近になってようやく、島において観光がプライドを持って語られるようになってきたと挨拶された。自然遺産というステイタスは、人々の観光に対する意識にも大きな影響を及ぼしている。

それだけに、柴さん達は島の環境保全を大変気にしている。島への公的資金投入が減少するなかで、自前の財源による登山道の整備などを行わなければならない。観光客が多く訪れる「ヤクスギランド」や「白谷雲水峡」では、環境省や林野庁がそれぞれの仕切りで数百円の入場料を徴収しているが、その使途は公開されない。一方で両者の縄張りが入り組む有名な縄文杉への登山道では、双方の縦割り行政障壁のご都合により、年間6万人もの利用者があるのに野放し状態にある。仮に1人1000円でも入山料をもらえれば、傷んでいる登山道の整備や新しいバイオトイレなどの導入などすぐにできるのにと、関係者一同は気をもんでいる。

さらに国立公園に当たる部分の登山道は、崩れたところを民間の有志が直そうとしても、「石ころひとつ動かしてはならぬ」と官が杓子定規なことを言い、そのくせ人手がないという理由で放置する。意のあるガイドさん達などが「始末書覚悟で」補修を強行せざるを得ないのだと、憤懣やるかたない声を何人もから聞いた。まっとうな官なら、民に頭を下げてでも助力を乞うだろう。登山者のほうはと言えば「入山料がそうしたところに使われるのであれば、1000円くらいは喜んで」という人が少なくないと、これもガイドさん達の声である。

自らの存在理由はここにあるとばかり、いたずらな省益や規制の建て前を振りかざすことによって自然を荒れさせ、あまつさえ民間有志のボランティア活動まで阻害する輩にまつわる話は、屋久島以外でもよく耳にする。所轄の大臣達はこの際、屋久へ行って柴さん達の話を聞いてみるべきである。それより前に、屋久島の人々が結束して、そんなアホな状況をひっくり返すことになるかもしれない。おとなしい島の人々も、そうそう官の本末転倒に我慢ばかりではなかろう。

ところで、屋久島野外活動センターの松本毅さん達は、「屋久島観光パスポート」といったようなシステムの導入を検討している。島のあちこちの登山道や諸施設で、いちいち観光客がお金を支払う代わりに、このパスポートを購入してもらう。代金より各個所の無料入場や割引金額をずっと多くしておけば、観光客にとってメリットがある。強引に「分担金」を徴収するばかりが能ではないだろうと。

島の環境保全のための入島税という発想がなくはないらしいが、もっと無理のない方法はないかと皆が智恵をしぼっている。そこでも環境省や林野庁は、手前の取り分を抱え込んで離そうとしないらしい。省益やご都合が屋久の将来にお荷物となるなら、それらを排除して「屋久有林」や「屋久立公園」になるのが望ましい。それでも、一刻も早く全国のお手本となるような、「保全と活用に関する屋久島モデル」をつくろうと努力されている各位に頭が下がる。

鹿児島から屋久への機内で、「世界遺産の環境保全のため、ゴミのお持ち帰りなどのご協力を」というアナウンスがあった。

（2007・1・22）

巨樹の森がつなぐ日本とNZ

双方に共通する「縄文文化」の精神性

「屋久島は縄文の文化だ」と、島の観光協会会長の柴鐵生さんは言う。

急峻な山々が海岸からすぐに屹立しているため、農耕に適した土地が少ない。その代わり、山や森から豊かな自然の恵みがあり、そのおこぼれで十分な暮らしができたのだと。隣りの種子島など農耕地が多い島の方が、その昔、かえって島津藩の収奪が大変だったようだ。

自然との共生という面では、縄文文化の精神性の方が、ずっとエコロジーなどより深い。だから柴さんは、現代人がお手軽に唱える「エコ」に胡散臭さを消しきれない。欧米人の中にも、エコツーリズムは彼らの植民地主義的価値観に対する贖罪意識だと言う人がいる。

それだけに、柴さんなど屋久島のツーリズムを本気で考えている人達は、この島の自然を「資源」ではなく「資産」と呼ぶ。自然資源と呼べば何となくタダで無制限に使えそうに響くが、資産といえば有限であり、大切に育てなくてはならないという意味となる。前者は20世紀的な捉え方、後者の方が21世紀の発想ということになるのではないか。屋久の自然を守り、育てることこそが島の未来を保障すると、多くの人がはっきり理解していなくては、こういう発想は出てこない。

ところで、屋久島の森とニュージーランドのワイポウアの森との間で、「姉妹森林交流」の話が持ち上がっている。此方には樹齢7000年という杉があり、彼方には同じく4000年というカウリ（南洋スギの仲間）があるからだ。共に地元の人達が身体を張って、伐採から巨樹を守ってきた歴史をもっている。ワイポウアの森には「森の神」とか「森の父」と呼ばれる直径5メートル、高さ50メートルにも達する木が残り、特に先住民のマオリの人達は身体を鎖で幹にしばりつけて、白人の伐採業者に対抗した。現在、カウリの原生林は元のたった4％しか残っていないが、それも1950年代までこうした運動があったお陰で、ようやく生き残ったものである。屋久島の縄文的価値に思いを寄せる柴さん達とワイポウアのマオリ達は、森＝神という精神性において深くつながっている。こうした交流が積極的な広がりを見るようになると嬉しい。

屋久島の人達は島全体をエコミュージアムに、と考えてもいる。地域社会の人々の生活と、そこの自然・社会環境の発育過程を史的に探求、自然・文化・産業遺産を保存、育成、展示することで地域社会の発展に寄与する、というアレである。したがって、島という単独の自然環境にある屋久は、その特殊性をもってすればいろいろな面白い試みができる。ほかと地続きで、よその車などがどんどん入って来られるところとは全く別の優位性があるわけで、「離島」という一般的には不利・不便な条件が、ここで全くの利点に変わる。

島の一周道路を利用するサイクリング・ルート、パーク&ライドやウォークあるいはサイクルの試み。電気自動車を島の公共交通機関などに導入することによる、CO_2削減への挑戦も、このような島の自然条件ゆえにやりやすい。おそらく今後は、環境教育の一環として屋久での滞在を考える学校や、森林や登山道整備などのボランティア活動を大学のカリキュラムに組み入れるコースなども出てくるだろう。

ところで、屋久島の森を最も手頃に体験できるところとして、多くの人が訪れる「ヤクスギランド」という名所がある。一方、アニメ映画で大ヒットした『もののけ姫』の森林のモデルとして知られる「白谷雲水峡」も、比較的誰もが気軽に行けるハイキング・ルートとして、抜群の人気だ。どちらも屋久島に降る雨によって、深い緑の苔に覆われた森だ。しかし、双方を訪れる前にそれらの名前を耳にした時、前者に対しては子供騙しの遊園地といったイメージを抱いてしまい、その印象がなかなか消えてくれない。後者の名前がもたらす幽玄の趣きと何という違いであることか。ネーミングの大切さというか、ブランド・ディベロップメントの重要性というか、これほど絶妙な対比もまたない。全国にあまたある○○トピアとか△△ランドといった横文字ふうの恐るべき陳腐さは大抵、そのいい加減なネーミング同様、ほかのモノマネだし、せっかく気張って洒落たつもりなのだろうが、今や赤っ恥としか言いようがない。ヤクスギランドという名称を、何とかまともなものに変えられないだろうか。（ついでだが、よく見かける、できの悪いオヤジギャグふうの「あて字ネーミング」もまたしかりである。）

まあ、それはともかく、冬になっても屋久島にはハイビスカスが咲いている。ハイキング姿の中高年女性も、けっこう見かける。これからの観光地として、屋久島の人気はますます高くなるだろう。消費イニシアティブの80％は女性が握り、その50％は50歳以上の女性にあると聞く。そして彼女らの求めるものは、花とおいしいものと温泉、そしてハイキングだ。成熟した市場は自然への感謝の気持ち、環境意識もまた高い。

縄文文化を大切に守り育てようという屋久島がもつ、潜在的な可能性は絶大である。

（2007・2・5）

座間味村のクジラ観察

冬の沖縄の観光マーケティング

沖縄の座間味島に何十回となく通いつめている30代の夫婦がいる。何がそんなにいいのかと聞いたら、「夕陽がきれい、星空がきれい、ゆったりした島の時間。何もないけどそれだけで幸せ」なのだという答えが返ってきた。

座間味では月額8万円もあれば十分な暮らしができるという。どうやら、GDPなどという数字には表れてこない豊かさがあるらしい。最近は経済学者の中にも「GDPは幸せを計る尺度としては最低」という声がある。たしかに、GDPとかGNPというのは市場経済のスケールを表すひとつのモノサシでしかないはずなのに、いつの間にかこれが「進歩＋幸せ感」の指数であるかのごとく扱われ、一般の人々もまたそのように思い込んでしまっているきらいがなくはない。

よく考えてみれば当たり前のことなのだが、経済は幸せを支える諸要因のうちのひとつ、つまり必要条件であるに過ぎなくて、けっして十分条件なのではない。

といったことはさておき、この座間味で「ツーリズム・フォーラム」が開催され、島の観光振興について話をする機会があった。

座間味というのは沖縄本島の那覇から西へ約40キロメートル、フェリーで50分のところにある、面積7平方キロメートル弱の、入り組んだ海岸線をもつ島である。現在の人口は670人。正式には慶良間諸島の座間味村といい、ほかに阿嘉島（326人）と慶留間島（77人）を合わせて村を形成している。かつては農漁業中心の村だったが、現在この専業はほとんどなくなり、観光関連との兼業が大半という、座間味島だけで見れば341世帯、全体でもわずか556世帯の村である。

ここは沖縄本島から中国への唐船貿易の中継点だった。公式には1372年からといわれる那覇から唐への進貢船や唐からの冊封船が、座間味の阿護の浦という湾で風待ちをした。今でも阿護の浦には台風の時など、台湾や中国の漁船などが避難のため入るという。明治後期から鰹漁や鰹節づくりが栄えたが、現在はほとんど下火になっている。

もうひとつ、触れておかなくてはならないことは太平洋戦争についてだ。1944年3月米軍の沖縄上陸作戦に際し、座間味はその最初の上陸地となった。日本軍の守備隊ともども多くの島民が犠牲となったが、軍の強制による402人もの集団自決が行われたことも記録されている。

そして現在、座間味へは年間8万8000人の観光客がやってくる。ほとんどがダイビング目的（主に4～10月）といっていい。最近は1～3月のオフシーズンだったところが、ザトウクジラの観察で注目を浴び始めてきた。

ホエールウォッチングといえば小笠原がよく知られているが、東京から船で25時間もかかるにもかかわらず、年間1万6000人もの訪問者がある。それに較べれば那覇から1時間弱という座間味へのアクセスはかなり恵まれているから、今後のマーケティングは相当やりやすい。今のところ、沖縄を訪問する人達のうち、およそ8割くらいの人は座間味について何も知らない。本土から沖縄を訪れる人がおよそ年間600万人、1～3月に100万人としても、ホエールウォッチングに興味があるという人は10%はあると見られているから、ざっと10万人の座間味への潜在市場が既に存在していることになる。

したがって、座間味の観光マーケティング上の位置づけは、沖縄へのインバウンドの「閑散期の目玉商品」ということになるであろう。つまり座間味のクジラというより、沖縄のクジラ=座間味、なのである。沖縄の観光コンベンションビューローや、那覇にある旅行業（インバウンド業者）、あるいは本土の旅行業各社、そして沖縄と各地を結ぶ航空会社は力を合わせて、「冬の沖縄なら何より座間味のクジラ観察」という売り方を実行していけばいい。

こうすることにより、沖縄での旅の楽しみ方が広がる。滞在時間を増やすこともできる。特にオフシーズンの目玉として、3月などには家族旅行を誘い込むための絶好の素材になるであろう。

座間味のクジラの可視確立は、ほぼ１００％と言えるようだ。１９５０年から63年にかけ、ここではクジラを８４０頭ほど捕った。ところが以後、クジラが回遊してこなくなり捕鯨を中止したところ、１９８０年代から再びクジラが帰ってくるようになり、90年代以降、今度はホエールウォッチングで見守るほうに切り替えたという経緯がある。

体長13〜15メートル、30トンほどものザトウクジラがこの海域で子を産み、育てながら小笠原方面へ、さらにベーリング海へと上ってゆき、冬にはまた戻ってくる。これを島の展望台から観察もできるし、船で近くへも行ける。

（２００７・４・30）

少しでも長く滞在してもらう

量より質のツーリズム開発を

座間味港から集落を抜けて正面の高月山に、ジグザグの山道を1キロメートル半ほど登ってゆくと、全島を見渡せる標高130メートルほどの展望台に出る。眼下にはほぼ円形に見える阿護の浦が美しい。北には稲崎の展望台が見えるが、1～3月のクジラ観察シーズンにはここに終日、見張り役が詰めている。西方の岬は女瀬の崎（うなじのさち、と島人は呼ぶ）といい、ここから東シナ海に沈む夕陽が実に印象的な眺めであり人気が高い。

港のある集落から稲崎展望台までは3・5キロメートル、女瀬の崎までも3・3キロメートルほどなので、歩いて行ってもたいしたことはないし、サイクリングにももってこいである。島には海ガメが産卵する浜もあり、キャンプ場や、阿護の浦には村営の長期生活体験滞在村もできている。若い人達が村外へ出て行く代わりに、外からの移住者、交流人口を増やしたいという村の意向が強い。

もともと座間味は豊かな村である。農地があって農産物はとれるし、里山ともいうべき山林がある。海へ出れば漁獲量も多い。鰹漁だって、今はあまり行われてはいないものの魚が少ないわけではない。ダイビング船などに船を使うほうが、漁業より3倍ほど儲かるため、多くの船が漁業をしなくなっただけの話なのである。

したがって、座間味の観光マーケティングを図るうえで大切なことは、第1にオフとピークの差をなくすこと、第2に観光客数をいかに増やすかより、いかに宿泊数を増やすか、という点に尽きる。「来た、見た、帰った」というのでは、この島の良さがわからない。少なくとも1泊して夕陽や夜の星空を体験するなり、島の家に泊まって島の人との語らいや食のすばらしさを味わう、さらにはダイビングやホエールウォッチングという活動。あるいは鰹漁をはじめとする漁船体験というプログラムだって可能性は高い。

前回述べたように、1月から3月という一番の閑散期にクジラ観察という目玉ができてきたために、これをテコにした上記2条件を満たす市場づくりは十分な可能性をもっている。別に大きな観光予算を投入する必要はなく、県と旅行業、航空会社との共同作業、マスコミへのPRなどをじっくり行い、満足度の高い滞在プログラムを提供し続けることにより、顧客連鎖の着実な拡大を志向するという路線を、徹底して踏襲するべきであろう。

最近、那覇発のホエールウォッチング船が、安い価格で座間味沖に乗り出してきて、村人達はお客を奪われると心安らかではないらしい。しかし、座間味にとって大切なのは宿泊客が少しずつ増えてくることなのだから、言ってはナンだがそのテの覗き見客というのは、将来の顧客増のためのPRぐらいに考えておけばいいものと思われる。

オーストラリアのシドニーから北へ780キロメートルの海上に、ぽつんとロードハウ島が浮かんでいる。1982年に世界遺産に登録された。南北に11キロメートル、東西は1～2キロメートルの細長い島の住人は350人。ニュージーランド同様、人間がやってくるまでは哺乳類がいなかったので鳥類の天国になっている。島への観光客は歩くかサイクリングだけ、することはダイビングか夜空の星を見ることか、標高875メートルの切り立った崖みたいなゴウアー山にガイド同行で登ること、などである。島の北側のネッズビーチで魚の餌づけをすると、1メートルもあるヒラマサやカンパチがびっくりするくらいの群れで押し寄せてくる。1788年に無人島で発見され、1833年に入植が始まり、19世紀末まで捕鯨基地でもあった。1974になってシドニーからの定期空路がつながり、今や知る人ぞ知るグレードの高い観光地としてオーストラリアの誇りになっている。島にある観光客用のベッド数はわずか400ほど。これ以上増やすことなく、静かな島の環境を大切にしたいと島人達はおっとり構えている。などと長々、ロードハウ島について紹介したのは、ここが座間味のこれからを考えるうえで、ひとつのお手本にならないかと思うせいである。

どうしても日本という国にあっては、経済効率、ハコモノ投資、数への信仰が強い。例の夕張市だって、脆弱体質の自治体に貸せるだけ貸し込んだ金融機関の責任は問われていない。座間味にも巨大なゴミ焼却施設が完成したが、これが自治体経済に重くのしかかっている。これを十分稼働させるだけのゴミがないのである。いったん点火すると炉は24時間態勢で動かし続けないと大きなロスになる。このため、一定量のゴミが溜まるまで施設は開店休業、施設の外にビニール袋が積み上げられてゆく。全然サステーナブルとは程遠い光景が座間味にもある。長期滞在客用にと投資したコテージ群にも閑古鳥が鳴いている。

日本各地における地域振興という名のもとに行われた観光開発は、こんなチグハグなパターンが溢れている。やはり、多少遠回りでもロードハウ方式に見習うべき点は多い。

（2007・5・21）

美《ちゅ》ら海を守るための「入島税」

PRに必要な説得力と論理について

観光振興策の中でもいちばん大切なもののひとつが「メディアの技法」である。わかりやすく言うなら、マスコミ対策というやつだ。観光関連では特に、自治体や事業者も広告宣伝用の予算など、ほとんどあり得ない規模のところばかりである。

そこで、担当者の腕のふるいどころとなるのが「広報」という分野であり、この仕掛けひとつでニュースが増えたり減ったり、あるいは同じニュースでもそれがプラスになったり、時にはマイナスになったりする。つまり、ＰＲ（パブリックとのリレーション）をより良くするにはどうするかという点につき、それなりの知恵を働かせなければならない。

前回でも座間味について紹介したが、4月16日の東京新聞に「入島税１００円いただきます」という見出しの、半7段くらいある大きな記事が掲載されていた。サブタイトルは「沖縄座間味村・苦肉の策は」となっており、さらに3本目の見出しに「借金34億円・厳しい財政『美ら海守るため』」と大きく書かれている。

記事を読んでみると、前段は座間味へ来ていた男女学生に対するインタビューで、入島税100円に対する感想のコメント、中段に島の観光事業があり、後段では村の借金財政のレポート。結びは村の財政では環境保護の予算が不十分で、これを補うため「できれば7月1日から（収税を）実施したい」という村長のコメントで締めくくられている。

全面4分の1ものスペースの記事だから、これは相当な価値（広告業でいうEAV＝Estimated AD Value）なのだが、正直なところ、ちょっともったいなかったな、という気がする。

「メディアの技法」というケーススタディーをしてみよう。

①冒頭の記者インタビューに、女子学生は「100円なら払ってもいいけど、もっとほかの方法も」と答え、男子学生は「強制的に100円とられるようになったら、ごみは村が掃除しろよと思ってしまうかもしれない」などと答えている。

②島と観光事情の紹介は、村の概要とサンゴの海、9万人の観光客のうち6万人がダイバー、ウミガメ、戦跡についてなど、かなり要領を得た記事にまとめられている。

③村の年間予算は13億円だが、借金がおよそ34億円あり、少人口にもかかわらず、1つでいい幼稚園・小中学校・水道施設が隣接する3島にそれぞれあるうえ、下水道やゴミ処理施設の負担が村の財政を沖縄でも最悪の部類に押しやっている、とある。

以上、3つのポイントに加え、スペースの4分の1近い座間味港の写真が記事の上にあり、キャプションには「美ら島税が実施されれば上陸のたびに１００円」云々、とある。

まず紙面をパッと見ての印象は、「ナニ、１００円？」であり、次に「34億円の借金？」がきて、「あほらしい、焼石に水じゃん」といったあたりであろうか。
①のインタビューは、できることなら「１００円なんていうより、５００円くらいはいーんじゃない」といったニュアンスの、同情的なコメントをとらせたい。
②の部分には、島で宿泊滞在することがどれほどすばらしいか、という具体的な体験談を加えさせたい。
③の赤字財政、云々は仕方ないとして、村の環境保全への努力をクローズアップできればと思われる。
写真のキャプションも含め、この記者が言わんとしていることは、「大赤字を勝手につくっておきながら、１００円ぽっちの入島税なんて姑息じゃん」、といったあたりが見え見えなのである。メディアは常にネガティブにモノを見がちだし、その方が読む方も面白い。しかし、このレベルで終始したのでは、ＰＲ担当としては仕事をしたことにはならない。

では、その対策はということだが、結論的に言うなら「記者をどれだけ納得させ、協力しようという気持ちにさせられるか」、というＰＲ担当者側の「説得力と論理」に尽きる。もちろん、マイナス材料を隠したりする必要もない。

座間味を例にとるなら、記事の骨子は「美ら海を守るための努力」が目的であり、１００円というのは手段である。そして、財政赤字は背景説明。こうとらえれば、島の自然を守りながら観光収入をもっと上げてゆくための村の努力を紹介し、観光客の環境保護に対する理解と協力を呼びかけるようなトーンの記事になるよう、「誘導」する努力と準備が必要である。

たぶん、座間味の広報担当者もそう心がけたのではあろうが、残念ながら成功していない。村長の締めくくりコメントに至っては、残念至極もいいところである。さらに、「税」という名称はとかく反発を招きやすい。「美ら海基金」とか、何か良いチエはないだろうか。

（2007・6・4）

美しい砂浜が美術館です

みんなが気付いて残した天然の宝

わたしたちの町には美術館がありません。
美しい砂浜が美術館です。
砂浜が美術館だとすると……
うつくしい松原が作品です。
沖に見えるクジラが作品です。
砂浜に咲くらっきょうが作品です。
卵を産みにくるウミガメが作品です。
砂浜を裸足で走る子どもたちが作品です。
流れつく漂着物が作品です。
波と風がデザインする模様が作品です。

砂浜に残った小鳥の足跡が作品です。

長い間、この美術館に行ってみたいと思っていた。ご存じの方も多いと思うが、ついこの間までの大方町《おおがたちょう》、今は町村合併により高知県黒潮町になった、入野海岸・月見が浜のことである。地図でいうと、四国西南端の足摺岬にもうすぐ、あの四万十川が土佐湾に流れ込む河口の少し右にある海岸だ。もはや日本中探してもめったにない広々とした美しい海岸に、太平洋の波がうち寄せている。思わずはだしになって駆けてみたくなるような気分だ。砂浜に座り、波がもりあがり砕ける様を眺めて飽きることがない。潮騒が体中に響いてくる。広い砂浜の後ろには緑の松林、防風林がひろがっている。春の海がきらきら光り、数キロ続く砂浜には人影がほとんどない。

この砂浜を舞台に、Tシャツアート展、漂着物学会、はだしマラソン全国大会、潮風のキルト展、などのいろいろな催し物が年中行われている。黒潮町にとってこの浜はとても大切なたからものだ。

というお話しはさておき、ここから四万十川を越えておよそ1時間行くと、足摺岬の付け根にあるもうひとつの海岸に着く。ここらあたりはもう足摺宇和海国立公園である。ここの大岐《おおき》の浜は長さ1・6キロメートル、さきの月見が浜よりいささか小ぶりだが、ゆるやかに湾曲しながら緑の足摺岬へとつながってゆく白い砂浜は、もっと美しい。低空を大型のトンビがゆったり舞っている。浜を取り囲むように、松、ウバメガシ、タブの木、椿などの雑木林がある。中の遊歩道にイノシシが出没するという深い森だ。

この海岸を見下ろすところに「海癒《かいゆ》」という源泉かけ流しの湯がある。地下1000メートルから湧き出すナトリウム泉は温度があまり高くないので、海癒と宿を経営する岡田充弘さんはこれを、わざわざ薪を燃やして暖めている。こんなところに住めたらいいな～と思わせられる宿だが、奥さんの多恵子さんや小学3年生くらいの万梨咲《まりえ》ちゃんと幼稚園生の善太君まで、家族ぐるみのもてなしだ。奇跡的、と思えるくらいに無垢の海、山、空があり、自然の恵みにあふれた海癒には何泊もしてゆくお客が多い。あるスウェーデン人は1泊の予定でやってきたが、結局21泊していった。松山からやってきた若い夫婦に会ったが、年に何回も、ここへ健康を取り戻しにくるのだと言う。近くの漁港に揚がるとれたての魚介類、村のこだわり卵や無農薬米、野菜、果物。ここの空気、ここの人と自然と食べ物が、訪れる人々のこころとからだを癒してくれている。

暖かい四国も四万十川を越えると、ラテン的雰囲気がいっそう強くなるとは、岡田さんの話。南からの黒潮が真っ先に足摺岬から土佐湾に流れ込むからだ。ニタリクジラは一年中土佐湾に居座っている。歴史や文化の魅力も、またいちだんと濃い。夜、空を見上げるとオリオン座が真上にくっきり、星空もウリになる。夜半に目が覚め外に出てみたら、わずかに欠けた上弦の月が白くさえわたって、大岐の浜から足摺岬のほうまでを照らし出していた。

岡田さんはここで、土地の魅力を掘り下げ、人々のつながりを広げ、さらに魅力的な地域を創りあげようと、家族ぐるみで知恵をしぼっている。地元の音楽家がいろいろな楽器を持って集まってくる、「ガッキカン」という定期演奏会もそのひとつだ。仲間が手づくりの料理を持ち寄るエコツアーカフェも人気が高い。というわけで、はるばる東京からこのカフェに出かけてみたご報告を、次回にもう少し続けたい。

（2008・3・17）

数を追わない観光の発見

足摺岬のサステーナブル・ツーリズム

四国西南端の足摺岬は、土佐清水市の一部である。このあたりには空港も鉄道も高速道路もなく、日本中で東京から一番遠い市、ということになっているらしい。人口はおよそ1万7000人。かつて観光客が年間110万人という時代があり、全国的に人気の高い観光地だったが、最近は70万人くらいにまで下がってしまった。市の観光課は、なんとかこの数字を100万程度には戻したいらしい。

土佐清水といえば、あのジョン万次郎のふるさとである。彼は1841年、江戸時代末期に14歳で漁船に乗り組み漂流、アメリカの捕鯨船に拾われ渡米し、教育を受け、捕鯨船員となったりしながら、1851年にようやく帰国することができた。1853年にペリーが黒船でやってくると、万次郎は通訳として幕府から重用され、その後1861年には小笠原へ出かけて米式捕鯨の指導などを行ったりした、というわけで足摺岬には彼の銅像が立っている。

土佐清水の町から足摺岬まではおよそ15キロメートル、小さな半島は全体が照葉樹林におおわれていてとても美しい。標高433メートルの白皇山が最高地点である。この半島全体には椿が21万本も生い茂っており、2月中旬に訪れたときは花の盛りだった。このあたりでは5月から蛍が舞う。

町から岬まで、スカイラインという曲がりくねったルートを行った。なんとここには日本国中どこにもあるうるさい電柱や、薄汚れたガードレールがない。人家もない自然の森の中を行く快適なドライブである。高いところからは道の両側に足摺宇和海国立公園の光る海を見渡しながら、やがて道は足摺岬の町に向かって降りてゆく。ところがここの温泉街も、全国にあまたある、くたびれて、デザインも何もない町になっている。そしてすぐに町を抜け、おやと思わせられる並木の緑の短いトンネルをくぐると、岬近くに四国霊場88箇所の38番札所、金剛福寺に至る。

ここから室戸岬までの土佐湾は、平安時代から鯨野郷《いさのごう》と呼ばれ、クジラが見られるところとして知られていたらしい。江戸時代には晩秋から春にかけ、室戸の鯨方達が津呂や浮津などの組をつくり、掛け声とともに鯨《いさな》を海に追った。今は5月から10月のあいだ、ニタリクジラのホエールウォッチングが人気で、イルカの大群はいるし、たまにシャチも姿を見せる。

足摺岬の突端には灯台が立っている。80メートルほどのがけ下には、岩礁に太平洋の波が打ちつけ白く泡立っているが、海水はまったく澄みきっていて底の石が見えるくらいだ。灯台の周辺にある細い遊歩道は、椿のトンネルでできている。しっかり手入れが行き届いた、気持ちのいい小径である。近くに住むらしい老夫婦が犬を連れて海を眺めていたが、やおら二人は「カメさんや〜い」と、海に向かって大声で何度も叫んだ。すると本当にウミガメが海中に姿を現したではないか。きのうは4匹も見られたんだよと、2人は大真面目だ。かれらが叫んだからこそ、よそ者もカメの姿を見ることができたらしいのである。

土佐清水の町はずれに海の駅「ジョン万・ハウス」がある。彼の博物館、というところだろうか。町の集会所にもなっている。ここで地域雇用創造推進事業である、「足摺エコツアーガイド養成講座」が行われている。土佐清水の観光課や前回ご紹介した岡田充弘さんなどが中心になり、講師を招いて新しい観光のかたちを学びながら、地域の自然、歴史文化、ひとと暮らしや食、農・漁・林業を含めた諸産業などの中から、いろいろな「おたから」を発見し、磨き、観光資産として活用してゆこうという試みがなされているのだ。単に観光客の数を求めるのではない。俗に言う何もない、都会から不便な遠隔地であり、過疎地だからこそ、このあたりには奇跡的に、四万十川や大岐の浜のような、信じがたいほど美しい自然が残された。澄みきった海と森がつくりだす空気は、外からの人を文字どおりよみがえらせている。

そして四国は、お遍路さんで知られるフット・ツーリズムの聖地でもある。しかし残念なことに現代のお遍路さん達は多く車道の端を、体を縮めながら歩いてゆかなくてはならない。昔歩いた山道を再発掘して、つなげられないだろうか。四国88箇所めぐりが、そんな形で足摺岬あたりからできあがっていったら、すごいことにならないか。そんな話題も語られている。
　清水サバやアジの棒寿司、同じく清水サバの姿寿司、ヅケ丼、たけのこ寿司などは、食の天国のほんの一例。カツオのたたきにはパラリと、海から採った海水を自然乾燥させたままの塩がふってある。今まで食っていたカツオというのは一体なんだったのかと、未体験領域の味に驚嘆した。恥ずかしながら、初めて本当のカツオの味を知ったのである。

（2008・3・31）

圧倒的な富士山の観光価値

70年前の記念碑的パノラマ写真から

富士山はどこからの眺めが一番だろうか。

2月中旬、伊豆の長岡から堂ヶ島の方までを、一日ドライブする機会があった。関東地方に珍しく雪が降った頃で、西伊豆スカイラインの道路脇にもまだ雪が残っていた。伊豆は少し暖かいのかなと思って出かけたが、なんの、東京より寒いと思うくらいだったから、長岡で浸かった温泉が実に気持ちよかった。しかし、ここの温泉街の雰囲気がまた詫びしい限り、人影のない通りの上に青と白の豆電球イルミネーションがジグザグに張られ、気分的な寒さを募らせてくれている。今どき珍しい射的屋が2軒あったが、店番らしき姿もなく、もちろん客は入っていない。スナック「ブス」という青い看板をみるに至っては、冗談言ってる場合じゃねーよと、こちらの気分も乗らないことしきりだった。

修善寺から戸田へ抜ける西伊豆スカイラインの途中に、ＳＬと自然が楽しい花の国、というキャッチフレーズの「虹の郷」がある。かなり広い富士山が見える一等地に、カナダ村、インディアン砦、カレイドスコープ・ミュージアム、フェアリー・ガーデン、ロイヤル・ローズ・ガーデン、日本庭園、匠の村、伊豆の村、イギリス村などなどが詰まっている。「安らぎを感じて、自然と文化をゆっくり散策」と、ここを経営する（財）伊豆振興公社のパンフレットはうたっているのだが、はっきり言って、ウルサイ。そのまま自然の状態にして返してくれと言いたい。日本中のあらゆるところにこうした子供だましがあふれ、本来の観光を阻害している。マスツーリズムのありようも大きく変わってきた。今どきこんなすばらしいところに、〝財団法人〟の〝振興公社〟が堂々と、こんな形で居座っていていいのかと思うのは、自分だけではあるまい。

伊豆箱根は東京という大市場に近く、日本のマスツーリズムを最も早く受け入れた地域である。何か目新しい、手っ取り早く数多くの観光客を引き寄せられる手立てに、１９６０年代以降、相当な知恵をしぼったであろう。どこの人々も、自分達が普段暮らしている自然環境のすばらしさやかけがえのなさに気が付かない。それで、値段なんかとても付けられない天然の宝にどんどん手を加えて、結局はどうにもならない状態にまで荒らしてしまう。美人がもっときれいになりたいと、整形に整形を重ねて、お化け面になってしまうのに似ている。伊豆には特に、こうした観光用の人工物が多いような気がする。新しい観光の再構築のためにも、思いきった改革が必要とされているようだ。

虹の郷の隣に、だるま山高原ロッジ・キャンプ場・レストハウスがある。何度目かの立ち寄りだが、たまたま雲ひとつない好天だった。眼下に真っ青な駿河湾、その向こう右手に5合目まで雪をまとった富士山がそびえている。富士の左手には遠く、南アルプスがくっきり白い峰を連ねている。今まで自分の一番の好みは、河口湖からの富士の景色かなと思っていたのだが、この日の達磨山で考えが変わった。どういうわけかこの日ここからの富士は、北斎の版画並みに実際より屹立して見えた。

レストハウス内の展示に、1939年のニューヨーク万国博に日本が出展したという、達磨山付近で撮影された一大パノラマ写真の説明がある。天地8・2メートル、左右32・7メートルもあったというその写真は、当時の日本の写真技術の粋を尽くしたものだったらしい。撮影技師達は日本一の富士山の絶景を求め、山梨、長野、群馬、静岡各地を回った。その結果、これ以上の場所はないとして、達磨山を選んだと説明されている。その写真の縮小版を見たのだが、70年前の日本が、富士と駿河湾が、まことに悠然と活写されている。虹の郷はおろか、写真には沼津の町さえほとんど見えない。ゴルフ場も、霊園も、自衛隊の練習場も、富士市の煙突も市街もない。手前の森、沼津から右方向への駿河湾、富士は左手に、おそらく右手はるかに八ヶ岳までが見えそうなくらいのアングルである。空気と、海の水の透明感がはっきり映し出されている。無垢だった日本の自然への、強烈なノスタルジーを感じさせられる。富士山の中腹に、左手から白雲がたなびいている。願ってもないシャッターのタイミングである。一体この写真家チームは、この時代に、何日、どれほど長く、この一瞬を待っていたのであろう。当時この写真を見て、日米開戦の前夜だったにしろ、どれほど多くのアメリカ人が日本への憧れをかき立てられたことであろう。

たまたまの写真だったのだが、それとは別に、自分が見たこの日の、ここからの富士は最高だと思った。時代と観光の変化に思いを馳せた。ところが季節、天候、時間によるこの山の表情は多彩で、いっときとして同じ富士はない。

（2008・4・28）

伊豆半島を歩いて巡る道

遠過ぎず近過ぎず富士のパノラマ

達磨山から西伊豆スカイラインを通って土肥に下り、海岸沿いに松崎まで南下した。ここから奥へ入った富貴野山にある宝蔵院に行く。古いお寺にたくさんの石仏が並んでいるという。21世紀の森、という野外活動のフィールドもあるらしい。

松崎から東へ入ってゆく那賀川沿いのドライブなのだが、何キロもすばらしい桜並木が右手の土手に続いている。桜の下には遊歩道があり、それをはさんでさつきとあじさいが植えられている。左側はのんびりした田畑の風景だ。桜が咲く頃にはどんなにきれいな通りになるだろうと、想像するだけでものびやかな気持ちになってくるところだ。相当に趣味の良いデザイナーの手が入ったに違いない。

途中から道を左にそれ、うねった山道を登って行くと、くずれかけて雑木林に埋もれそうになった段々畑の痕跡が目に付くようになる。ここにも過疎化や離農の物語がありそうだ。深い山の中の道端には、ところどころ「21世紀の森」という看板が現れるが、なにやら不動産屋のモダンな看板ふうで違和感がある。

宝蔵院に着いてみると、そこは江戸時代あたりからのお寺だった。本堂らしき建物は見当たらず、荒れている。薄暗い杉並木の下に、苔むした正門階段への道があり、高さ数十センチくらいの小さな石仏が何十体も並んでいる。ここだけはきれいに掃かれていたから、ふもとの村人が通っているようだ。21世紀の森というのは、このあたりへ野外活動の家族連れでも呼び込もうと、行政が周辺にハイキングルート、キャンプ場、トイレなんかを設置したものらしい。しかし残念ながら利用されている気配がまったくなく、せっかく用意された杉木立の下のベンチが、びっしり緑の苔に覆われている。ふもとを流れる那賀川の桜並木とは対照的に、21世紀の森のデザインは失敗のようであった。

西伊豆の道は松崎から堂ヶ島、田子、土肥、戸田へと北上する。堂ヶ島付近から眺める早春の海がきらきら光って広がり、しばらく眺めていたくなった。そこで、道路沿いの大きなホテル（という名の旅館）に立ち寄り、海の見えるレストランで昼飯でも食べられないか訊いてみた。すると、海が見える喫茶室はありますが、お昼はお出ししていないと言われた。観光ルート脇にある有名旅館で、入り口には「空室あります」というサインまで出していながら、昼食のサービスはしていないというのは、せっかくの商売機会をみすみす逃しているようなものである。「眺望絶佳、昼食絶佳」とかいった看板くらい出してその気になれば、落ち目の旅館も（そこは落ち目じゃないかもしれないが）売り上げは稼げるし、ついでに宿泊もという気を起こす客だっているだろう。あるいは、次回はここに泊まろうという客だって現れないとも限らない、などとのよけいなお世話はもちろんしない。こんなところにもまだあの「1泊2食文化」という常識が、徹底してしまっているらしい。

それじゃ～と、ついでにその旅館の人に、近くにそんな昼食場がないかと尋ねてみたら、丁寧に田子のそば屋を紹介された。景色はゼロだったが、このそばがなかなか良かった。小さな田子の港とそれに面した通りは、2階にも届きそうなコンクリート塀でバッサリ分けられている。わずか100メートルばかりの家並み部分だけ、景色も何もない。問答無用の黒々した塀の影に、人気のない通りと家々がへばりついている。そこを抜けて町外れの瀬の浜まで行ってみると、びっくりするような景色と透き通った海が目の前にあった。こんなに美しい町からの眺めを、コンクリートで遮断された人達が、なぜ怒らないのかと不思議だった。津波が来たとしても、あの塀ではあまり役に立ちそうもない。実に無神経な塀の造りに、よそ者だけが怒りまくっている。

黄金崎、旅人岬、出会いの岬などなど、西海岸の道々にはたくさんの展望台が整備されている。それぞれから富士山と相模湾が見晴らせる。土肥の少し北に陶芸家夫婦が経営する民宿があった。ここのコーヒーショップは窓が大きくとってあり、左手はるかに御前崎が霞んでいる。正面の駿河湾をはさんで見えるのは、清水の港と町だ。その背景には白く南アルプスが連なっていて、右手にこれ以上なく優美な富士山がそびえている。コーヒー1杯が500円だったが、思わず1000円払いますと言いそうになり、やめにした。前回書いた達磨山からの眺望よりも、海と山のバランスが良いような気がする。自分にとって、現時点での富士の眺めはダントツここが一番である。民宿の名前は「あしたば」という。

富士山の観光価値は群を抜いている。伊豆半島も特に西海岸の海沿いに、車を心配しないで歩ける道がずっとあったらすごいだろうと、つくづく感じている。

（2008・5・19）

第4章

観光立国へ向けての課題は何か

対外的国名を「NIPPON」に

国としての新ブランド戦略はどうか

日頃、何気なく使っていることばでも、よくよく考えてみるとオカシイことがよくある。適当な例をすぐ思い浮べることができないが、「ひとりよがり」などというのは、じっくり考えてみるとけっこう笑える。いや、のっけから話のテーマとはちょっと方向がズレた。

2月に行われたJATA経営フォーラム・分科会の席上で、ニッポンリンク副社長のパウル・ケンプフェンさんが、日本はなぜ対外的に「ニッポン」という呼称を使わないで「ジャパン」を使うのか、と発言された。「YOKOSO! JAPAN」より「YOKOSO! NIPPON」の方が新鮮でいいではないか、というのだ。

言われてみれば、そのとおりである。ご存じのとおり、ジャパンという呼称は今から800年ほど前、マルコ・ポーロがかの有名な『東方見聞録』の中で、中国のさらに東方海上に黄金ずくめの国「CIPANGU」があるそうな、と書いたことに端を発している。つまり、誤った彼の伝聞からチパングが生まれ、後にジャパンと変化して定着した。べつに、日本側から正式に発表したものでも何でもないのだ。さらに考えてみれば、明治維新のあたりで「日本国はジャパンなどではござらぬ」と、誰かが言ってもよさそうなのに、そのような形跡もない（ようである）。ただ何となく、誰もオカシイと思わないで、ここまで来てしまったのであろうか。

大化改新の頃から、中国との関係においてわが国は「東方すなわち日の本の意から『日本』と書いて『やまと』と読み、奈良時代以降、ニホン・ニッポンと音読みするようになった」と、辞書にある。だとすれば、日本の呼称はジャパンではないと、マルコ・ポーロより600年も前からニッポンであるゾと、言うべきではないのであろうか。

ケンプフェンさんは、この辺りについてどこまでお考えだったたか、聞いてはいない。しかしながら、このように考え出すと、コトはけっこう重大なポイントをついている。

わが国は、今のところ誰も不思議に思わないで、上は首相から下は一般のわれわれまで、官も民も、何かとウルサイ諸君までが、このJAPANを使い続けているのである。

国名というのはブランドである。観光に限らず、いろいろな側面で地球上にあるおよそ200の国々は、よそとの差別化のためにこのブランドを最大活用、アピールしている。そして多くのブランドは、時に付け変えられたり、新しくつくられたり、また元に戻ったりもすることがある。ひとつのブランドが、ふたつにもみっつにも分割された例は、東ヨーロッパや旧ソ連邦において、われわれの記憶に新しい。

時あたかも日本は、首相のかけ声のもとに観光立国キャンペーンを始めた。対外的に行うこうした動きは、今までになかったことである。わざわざ「YOKOSO！JAPAN」というキャッチフレーズをつくり、国交省や旅行業界の諸君はちゃんとバッジまで付けて歩き回っている。このスローガンのもとに、多くの国々との間で、観光面における二国間あるいは日・中・韓のような三国間協議も行われようとしている。

21世紀は観光の世紀とされ、すでに世界の対外輸出量の総額において、観光は自動車産業を抜き去り、トップのオフィス・通信機器のそれに肉薄、と世界観光機関は報じている。まさに「見えざる貿易」の担い手として、世界経済の牽引役、および相互理解に基づく平和への貢献が、ツーリズムに大きく期待されるようになった。

このような潮流に遅れてはならじと（けっこう大きく遅れちゃったけど）、わが国もようやく国際観光振興に力を入れようという動きになったのだが、それでできたキャッチフレーズが「ようこそジャパン」では、キャンペーン予算ともども、いささかパンチに欠ける。

それで提案は、この際わが国の対外的呼称をすべからくNIPPONに変更、統一してはどうか、ということなのである。もちろん、観光だけを言っているのではない。正式に、日本国として、対外的な表記をすべてNIPPONとすると、発表するのである。そして、あらゆる公文書、メディアによる表記、輸出品のラベル、旅券その他もろもろ、すべてを変えてゆく。外務省をはじめとするあらゆる官公庁も一般企業も、こぞってNIPPONを使用する。

ニホンの方はどうするのだ、という声も出そうだが、国内においては今までどおりで差し支えあるまい。対外的にはニッポンの方が発音もしやすそうだし、何となくではあるが元気が出そうな感じである。

国の決定として、「こうなりましたからよろしく」と世界中にアピールすれば、ブランド戦略としてはそれほど大金もかかりそうにないし、観光立国ＰＲとしても相乗効果は高い。おのおの方はいかがお考えであろう。

（２００６・４・17）

「観光庁」と新しい基本法に期待

スケール大きな国際観光戦略を

去る2月6日、日経新聞の夕刊1面に「観光庁設置検討へ」という記事が掲載されたのをご覧の方も多かろう。これは！と思い、次の日の他紙の後追い記事を期待したのだが、残念ながら日経だけの報道で終わってしまった。

自民党は観光立国の動きに合わせて観光基本法を改正、もっと国として積極的なツーリズムへの取り組みを促進しようという構えのようで、旅行・観光業界にとっては久々の嬉しいニュースだった。

同記事の中にもあるのだが、日本としてはそれほど観光についてまじめな対応をしてこなかった。観光より「ものづくり経済」を最優先に、効率一本槍で戦後を突っ走ってきたからである。それゆえ観光立国などとうたわれ始めて以後も、各省庁の取り組みはまちまちで統一感がない。06年度予算案についても、国交省のＶＪＣ（ビジット・ジャパン・キャンペーン）経費が39億円、外務省の観光誘致広報が5億円、文科省の日本文化広報が1億円など、7省庁にまたがる予算のダブリなどが指摘されている。

本来ならば「立国」などという大がかりな表現にふさわしく、ここは「観光省」を、と願いたかった。観光をこのような位置づけにしてこそ初めて、国としてそれにふさわしい力を発揮できるというものであろう。一般の人々の意識のうえにも、観光がそれだけの存在として大きく意識されることになる。そうして初めて、それにふさわしい予算、人材の運用などについても大義名分が得られるだろう。構造改革、小さな政府などとは言うものの、何も一律に縮小均衡を言うわけではない。限られた予算や人という資源を、より効率的な未来の国づくりに向けて、より望ましい形にリ・ストラクチャー、つくり直すというのが本来の意義のはずである。みそもくそも一緒にして縮小しなければというのは、著しく妥当性を欠いている。

それにしても、自民党が「観光庁」をと言い出してくれたのは、とりあえずありがたい。これにより他省庁との連絡調整、役割分担、予算配分などが、より方向性を合わせた、統一的かつ効率良いものとなるよう、現在のシステムから一歩も二歩も進んだ形となり得るであろうからである。

ちょいと話はそれるが、外務省の観光誘致広報5億円とは何だろう。どんな広報活動をやってくれるのであろう。今までわが国の在外大使館あるいは領事館には、観光のカの字もなければ、ホスピタリティのホの字もなかった。それどころか、外務省自体がアメリカ国務省の東京出張所となっており、わが国の国益に大きく反しているばかりだからと、「外務省不要論」まで世情広く語られていたものである。だから観光立国ともなれば、何はさておき大臣以下、全外務省職員の意識を改革し、それぞれがその持ち分について観光大使としての役割りをも演ずることができるよう、徹底した勉強をしてもらうことこそ肝要であると、小泉さんも言っていた（言ってなかったか……）。

ともあれ、全職員にそのような観光についての高い意識を持たせたうえで、外務省は5億円をどこの国にどう使うのか、とりあえず国交省に十分相談してほしいところだし、いっそのこと全額をＪＮＴＯに委託してもらう手も悪くないかもしれない。外交のカーテンの陰に隠れて、ヘンな無駄使いをされたんでは、せっかくの税金が台無しになってしまう。ま、この際だから全額5億円を、アメリカのマスコミを日本に招待するのに使い、アメリカ西海岸・東海岸地区に日本の映像、各種文化ストーリー、自然についての紹介などなど、テッテー的に氾濫させていただく、という手だってマーケティング論上なくはないけど……。

話をもとに戻すと、ぜひ一刻も早く観光庁が発足できるよう期待する。さらに観光基本法の改正もあるが、この法律は１９６３年に制定されたものだ。東京オリンピックを目前に控えて、観光の意義や国際観光振興の重要性、さらには観光資源の保護、育成、開発や、美観、風致の維持までをうたっている。以後43年がたち、この基本法どおりに観光がわが国で育っていたら、どんなにすばらしかったであろうかと、しみじみ感慨にふけってしまうほどである。それほど、この法律にうたわれている精神は立派なものである。ぜひ一度お目通し願いたい。しかしながらこの法律は、高度経済成長の陰で徹底して無視され続けてきた。また国の政策も、ものづくりによる貿易黒字をアウトバウンドによる赤字で消し、バランスをとろうとした時代さえあったのだ。

新しい観光基本法のもとに観光庁ができ、ＪＮＴＯとＶＪＣなどという体制が「日本観光局＝ツーリズム・ニッポン」に一本化され、予算もせめて英国やオーストラリア並みに用意されるくらいになれば面白い。そのためには我々の方でも、ツーリズム・ニッポンの大きな戦略を描いておく必要がある。それは、一国の将来像を描くことに通ずる。とても１０００万人などという数のレベルの話ではない。

（２００６・５・１）

「観光立国」大合唱の割には……

けっこう固いサイフのひも

トラベルジャーナル誌のあたまの方に「旅のあとさき」というコラムがある。ついこの間の号に載ったペリー荻野さんの「それ行け！バスツアー」というエッセイについてひとこと。彼女は家族づれでバスツアーをよく利用するらしいが、そのきっかけとなったのは「秘湯1泊2日4食付、お花摘みとイチゴ狩り」だったそうで、「これだけ中身が豊富なのに驚くほど安」かったから参加したと率直である。以後いろいろなバスツアーに参加しアタリもあればハズレもあり、人生にこんなドキドキもあっていいと結んでいる。笑ったのは彼女の友人の編集者の「秘湯には要注意」と言うセリフ、「ただきびれた旅館を、秘湯とか鄙びた宿とか、モノは言いようですからねえ」。そしてイチゴ狩りの制限時間がわずか20分というのを現場到着直前に知らされたので思わず走ったそうだ。「イチゴ早食い大会」だったと、にんまりしている。

しかし彼女がこれ以後バスツアーのリピーターになっているのは、ビックリ価格に対する見返り、つまり旅行代金に対するサービスの提供が、最悪の場合でも期待値を上回っているからであろう。あるいはたまに下回ることがあったにせよ、平均打率としてはかなりいいセンを行っているからに違いない。新聞広告などを見ていても、なぜここまで安くせにゃならんのかと思うことがよくある。が、このような消費者の反応を見てみると、ツアーを企画する方もそのあたりまで十分に見切ったうえで、「こんなもんか」と売りにかけているのでしょう。

しかしながら添乗員によるわずかな気配り、あるいは事前情報の出し方によって、同じイチゴの早食い競争でもずっと満足度のレベルを上げることはできそうである。このあたりの「気づき」の不十分さが、打率向上の大きな妨げになっているケースは少なくなさそうだ。

それにしても、秘湯に気をつけろとはよく言った。消費者サイドの手練れぶりも相当なものではないか。このあたりのかけひきというかやりとりに、かなり消費者の「進化」を感じませんか。

売る方も買う方も、表立っては安さをうんぬんしあわない。お客サン、これだけ安いんだからわかって下さいよ、とは言わないし、安く釣って騙したな、コラ、とも言わない。そこそこの予定調和、けっこうバランスがとれている。

ちょっと前置きが長くなってしまったが、メインの話題は同じ号の特集「地域ツーリズムの活性化に向けて」である。かつての観光王国長野県の地盤沈下に対し、田中知事が音頭取りを買って出て、県観光協会の理事長を兼任、叱咤しているところなどなかなかのものだった。日本全国多くの地域において、観光産業が「1泊大宴会付き団体旅行モデル」から抜け出すのに四苦八苦している。なかには、そのビジネスモデルをそのまま中国や韓国からの団体旅行に適用、かろうじてしのいでいる旅館などもあるやに聞いている。もしかすれば、ところによっては中国人しか泊らない、あるいは韓国からのご一行様専用、みたいな旅館が出現するかもしれない。マーケットミックスという一般的な考え方からすれば変則ではあろうが、急場しのぎのやり方としてそれはそれ、致し方のないところであろう。ナニ、日本人観光客が集中する諸外国の有名観光地においても、宿泊客における日本人の比率が50%、などというホテルがないわけではない。

ところで、同特集の中に、各自治体の06年度観光振興予算の一覧が掲載されている。北海道から沖縄まで47都道府県のそれぞれを眺めてみると、けっこう色んなことが浮び上がってきて面白い。まずこれらの予算を合計してみると、ざっと310億円になる。もちろん、この金額の中には基盤整備というかハード系の装置関連も含まれているであろうから、評価はむずかしいのだが、それにしてもけっこうな金額ではある。ただし、この中に兵庫県は含まれていない。というのは兵庫の場合、「観光ツーリズム本部設置のため」として、何と120億円もが計上されているからである。先の310億円と合わせると、兵庫だけで全国の28%にもなる勘定だ。ちなみに東京都はと見ると22億円弱ほどであり全体のわずか5%、バランスからすればせめて20%位あってもいいのに、と思わないでもない。

さてそのうち、インバウンド関連誘致予算の方を見てみると、全国合計で17億円、観光関連予算総額の約5％である。日本のツーリズム全体の市場規模が24・5兆円（04年度）、そのうち訪日外人旅客が落としてくれた分は1・6兆円で6・5％だから、奇しくもパーセンテージ上の釣り合いはとれている。

それにつけても、「観光立国・観光立県」大合唱の割には、前年比予算減が26府県と、なかなかどちらさんのサイフもしっかりしているではないか。

（2006・5・22）

国家的課題としてのツーリズム

観光立国推進基本法への歩みをたどる

ついこの間の5月31日、観光産業研究会の席上、当日の講演者として招かれた愛知和男さんの話を聞いた。

彼は日本エコツーリズム協会の会長だが、自民党の観光特別委員会の委員長でもあり、折しも今国会開期中に何とか「観光立国推進基本法」を成立させようとしている。

観光産業の中では、この観光特別委員会に対する期待が非常に高く、5月21日には日本ツーリズム産業団体連合会（ＴＩＪ）が「観光庁設置に関する要望書」提出、同じように観光産業研究会も、観光立国政策への提案として「観光省を設置し観光行政の一元化を」という要望書を送ったばかりである。

ご存じのとおり、観光にかかわる政策は実に多岐にわたっており、国交省から始まって経産、農水、環境、文科、外務、厚労など、それぞれの省庁の施策・予算・思惑が入り組んでいて、統一のとれた観光立国政策の実施などには程遠い状況にある。

そこで、これら省庁が個別に実施している観光・地域活性化事業などを集約したうえで、「観光振興事業の内外に対する旗振り役・実行機関として『観光庁』を設置するよう、強く要望する」とTIJの要望書は述べ、そうなれば訪日外国人数も2010年1000万人はおろか、2030年の4000万人達成も可能となるであろうと続けている。

観光産業研究会のほうも、観光立国への施策推進のためには観光行政の一元化が不可欠であり、「観光省等の設置により、生活文化産業の柱である観光産業が国策として更にはっきりと位置づけられれば、国民の健全な余暇意識も一段と高まり、そのことによって観光による地域産業の活性化が一層促進され」るであろうと、別の視点から要望を述べている。

愛知さんいわく、最も望ましいのは観光省の設置であるが、目下の構造改革、小さな政府という政治の流れの中では「省の新設」は至難。したがって、より実現性の高い「庁」をつくろうという方針のようだ。

さらにこの観光庁の設置箇所について、最も望ましいと思われるのは内閣府の中。今までの流れから国交省の中に置いたのでは、他省庁に対するあまり根本的な影響力は発揮されにくいのでは、という理由によっている。内閣府の中にこれを置き、観光担当国務大臣のもと内外にその存在をアピールするほうが、より効率の良い政策推進につながる。しかしこの案には、国交省あたりから猛烈な抵抗が予想される……。

そして仮に観光庁を国交省の中に置くとしても、現在省内にある3つの庁のうちいずれかと置き換えなければ、という難問が控えている。海上保安庁、気象庁、海難審判庁がそれらなのだが、庁の数を増やさないという制約の中では、海保に防衛庁とくっついてもらうか、気象庁を独立行政法人化あるいは民間移行……。とまあ、庁をひとつつくるのにも、ハードルがいくつもあるというお話しである。

やはり省にせよ庁にせよ、これからの日本国の経営を考える場合、本当にそれが他産業とのバランスからしても必要なのだという認識を、多くの国民が共有することになれば、それはどの難問ではなくなるのであろう。しかし、残念ながらついこの間まで、日本の一般の人々にとって観光などは「不要不急」の最たるものだったし、いわゆる「官」の中においてもその認識は似たようなものだった。

文化、社会、経済の各側面から、観光の果たす役割の大きさがようやく理解され始めたのは、今世紀に入ってからだと言ってもいいくらいである。特に首相の立場から小泉さんが「観光立国」を言ってくれたのは、遅まきながらとはいえ、変化への大きなきっかけとなっている。その延長線上における観光立国推進基本法であり、同じく観光省庁議論であるからだ。

ここに至るまで、業界関係者の多くの努力があったのだが、そのひとつとして2002年6月に日本経済調査協議会から出された『国家的課題としての観光』という報告書について触れておかなくてはならない。この報告書は10の提言を行ったが、それらは①観光を国家総合政策に、

②ＶＩＳＩＴ ＪＡＰＡＮの推進、③オリジナルな地域づくりを地域主催で、④美しい景観づくり、⑤観光の経済的社会的認識を、⑥休暇改革の推進、⑦観光についての地域プロフェッショナル育成、⑧人流を実現する社会基盤の整備、⑨首都圏空港の拡充整備、⑩観光事業者として積極的な時代的役割を、という事柄である。

2年にわたったこの調査の専門委員会は、これを率いた当時のＪＴＢ会長の名前から「松橋委員会」、と呼ばれた。

さてこれら10項目は、来る観光立国推進基本法に如何に盛り込まれているだろう。

（２００６・６・19）

首都圏の空港整備こそが最重要

国家的課題としてのツーリズム

さて、観光立国推進基本法の話を続けよう。

法案のポイントは、「国土交通大臣は交通政策審議会の意見を聴いて、観光推進基本計画案を作成し、閣議の決定を求める」、「政府は施策実施に必要な法政上、財政上その他の措置を講じ、実際に行ったことを毎年国会に報告する」、というあたり。そして、観光立国計画の基本方針、目標、総合的かつ計画的に講ずべき施策、という3点が上記基本計画の中核である。その具体的内容が基本的施策として、第12条から25条までの14ヵ条に挙げられている。

前回ご紹介した『国家的課題としての観光』という、２００２年6月に日本経済調査協議会報告書で提言された10項目は、一応上記に組み込まれた。というより、法案の方が10提言を相当意識して書かれた、と見ることもできる。

まず、観光を国家総合政策にという点は、このような法案が準備され、観光担当省庁の話が国レベルのテーブルに乗ったことにより、大きく応えられたと言える。インバウンドの推進もまたしかりで、第12条ほかに多く書かれた。オリジナルな地域づくりは14条、景観については18条。ただし、この18条は「国は、観光地における環境及び良好な景観の保全を図るため、観光旅行者による自然体験活動を通じた環境の保全に対する理解の促進、屋外広告物に関する制限等に必要な施策を講ずるものとする」という、甚だ中途半端というか、不可解な書き方になっている。最初の傍線部分は、環境の保全のためにエコツーリズムによる理解を促進せよだし、次の傍線では屋外広告がいきなり持ち出されているのだ。しかも、2つの全く異なる要因を組み合わせて、これで国は環境と景観の保全を図れと言っている。

国土の美観を損なうことおびただしい、環境との調和を無視した大量のコンクリートむき出し土木工事や、不要という議論にお構いなくどんどん造り続けられる道路、海浜景観なぞ全く無視した港湾・護岸・テトラポットの投入などはどうしたのだろう。屋外広告に触れるなら、大きな批判の対象となっている電柱と、あの醜悪な白いガードレールはどうした。おそらく観光立国を言う場合、何よりも大切な事柄であるはずの「国土の美化」について、こんな18条による書き方しかできないこと自体が、「観光立国を司る省が国交ではダメだ」という批判を招く基本的問題点になっているように思われる。ぜひ、先の「基本計画」の方に、このあたりはしっかり盛り込まれる必要があるだろう。

さて話を戻して、5番目の提言にあった観光の経済的・社会的認識をという点は、第1条にばっちり書かれた。6番目の休暇制度は21条に、次の観光についての地域プロ養成は20条、人流に関する社会基盤は22条、統計に関しては25条と、大方がカバーされている。

もう1点、おそらく先述の国土景観あるいは美化と同じくらいに重要なポイントは、提言の9番目に挙げられていた「首都圏空港の拡充整備」についてである。これは、16条の「空港、港湾、鉄道、道路、駐車場、旅客船その他の」観光の基盤となる交通施設の整備等に必要な施策、というあたり以外に該当する文言を見ることができない。

首都圏空港の問題というのは、観光やビジネスを問わず、わが国が抱える国際間の人流及び物流面における、最大のアキレス腱になっている。ご存じのように、韓国、中国、香港、タイ、マレーシア、シンガポール等々に、4000メートル級滑走路を4本も5本も揃えた大空港が出現しつつあり、国際航空ネットワークの中で日本だけが大きく出遅れている。

そもそも成田空港の発想自体、半世紀近くも前のシロモノだし、その計画でさえ滑走路の数は3本だったのである。それが現在、ようやく1本半。たくさんの航空会社が新規乗り入れを待ち望み、乗り入れ中の航空会社も増便希望を表明しているところが少なくない。

これだけ国内において大量の道路とたくさんの国内空港を造り続けている国が、肝心の国際間の道づくりというべき首都圏空港問題に関しては、おそろしく無策である。これほどの物理的ボトルネックを放置しながら、国際交流だとか、ようこそジャパンとか言ってもねぇ。代わりに関空や中部へ、なんて勝手に過ぎるといったところ。中近東では人口80万人のカタールでさえ成田以上の空港を持ち、UAEはドバイに滑走路6本の新空港を計画中と新聞は報じている。

先の10提案の中で一番大切な「国土の美化」と「首都圏空港整備」の2点が、頼みの観光立国推進基本法から肩すかしをくらったかの如くに見えはするが、日本の観光にとって大きな第一歩であることに変わりはない。関係諸氏の努力に謝すと共に、今後の政策施行段階において、ぜひとも先の2点に大きく配慮したビジョンと総合政策を期待する。

(2006・7・3)

ツーリズム・ニッポンをつくろう

あまりに情けないPUFFYのポスター

8月末に、国交省の07年度観光予算・概算要求がまとまった。それによると、観光関連の予算は76億8400万円で、約18%の伸びだという。ビジット・ジャパン・キャンペーン（VJC）関連は約40億で、こちらも13%増。そのほか、観光ルネッサンスとかニューツーリズムの促進に大きく予算が計上されている。国交省は観光関連の課を2つ増やして6課とし、スタッフも80人以上に拡充、この秋には観光立国推進基本法も国会へと、いよいよツーリズムのプロモーションに力が入ってきている。

日本へのインバウンド・ツーリズムに関し、中心的な役割を果たさなければならないのは国際観光振興機構（JNTO）だが、こちらの方にも、国の態勢強化をリードするような組織の変化を期待しなければならない。

という本題に入る前に、VJCに対してひとつ注文をつけさせてもらう。以前からVJCについては、その活動がかなり場当り的だと言ってきた。一種の時限組織というか、国の予算執行上の制約による〝バイパス〟措置みたいな存在とあれば、無理からぬところはあろう。しかしそれにしても、そのビジョンのあまりの希薄さにあきれる。

例をひとつ挙げよう。アメリカで人気が出ているというデュエット歌手のパフィー（PUFFY）を起用したポスターだ。最初見た時には、「何だかごちゃごちゃしたポスターだ」と思っただけで、何をアピールしているのかよく判らなかった。まさか観光ポスターだとは想像もつかなかったのである。

そのうち誰かが、「あれはVJCのポスターで、日本の文化〝一富士、二鷹、三ナスビ〟を表しているのだ」と言うではないか。そう言われて見直してみると、背景に北斎かなんかの富士のイラストがあり、その前でパフィーの片方が手に鷹を止まらせ、もう一方が大きなナスを掲げている、ということを発見した。そして、ごていねいにも2人の女性は、寸足らずの着物を着てブーツをはいている。

絶句である。こんなポスターで日本をPRしようとする、あるいはできると思う神経がどうかしている。おそらくは××な広告会社の持ち込みなのであろうが、こんな案を通してしまう組織というのも、正気の沙汰とは思えない。たまたま国交省国際観光課との会議に出た折、課長さん以下の方々にあんな××なものを一体誰がOKして、いくら刷って、どこへ何枚貼ったのかとたずねたら、どなたも苦笑いするだけで答えはなかった（××のところに正しいと思われる単語を当てはめなさい)。

あんなものをつくるからよけい、ＶＪＣのほかのプログラムも似たようなもんだろうと思ってしまうのだ。せっかくの税金から大切なプロモーション予算がようやく出たというのに、これでは払った方が浮かばれない、と思い出すたび、つい義憤にかられてしまうのである。

それはさておき、ＪＮＴＯの話に入る。より強力にＪＮＴＯが攻めの姿勢に入るため、３つの提案をしてみたい。

①名称を「ツーリズム・ニッポン」に

諸外国がそうしているから、というのではないが(それもあるけど)、今どき国際観光振興機構なんて、あまりにかったるい。いかにもマーケティングの組織らしく、ここは少しフットワークも軽やかに、ツーリズム・ニッポン！といきたい。

②組織を大きく圧縮する。

現在、ＪＮＴＯには１４５人もが働いている。本部に67人＋７人の役員、在外に日本からの職員が35人、現地採用の職員が36人。在外の事務所は13ヵ所もある。そして、この組織の総予算が約40億円。すぐおわかりのように、これでは予算の大半は組織維持のために消えてしまうのである。おそらくは人件費・事務所代などの固定費を現在の半分程度に圧縮しない限り、この組織は本来の目的を果たし得ないだろう。あるいは予算総額を何倍かにするか。

現在、国の予算がますます縮小傾向にあることを考えれば、プロモーション予算を生かすために在外のオフィスは半分ほどに（なくした所はGSA※にするとか、外務省やJETRO＝日本貿易振興会と協力するなど、手段はいくらでもある）。日本から派遣も1ヵ所1人くらいにとどめる。本部の大人数も、大半の仕事と思われる調査・分析・報告などのペーパーワークを、最小限化・外注化しなくてはならない。もちろん、各省庁からの出向者にはお引き取りいただくし、役員の数も同様である。どう考えても現在は、その組織目的、予算、人員に大きくバランスを欠いている。

③PR戦略の徹底を図る

これだけ限られた予算の中では、当然ながら広告は打てない。テレビ・雑誌・新聞などに対する、メディアPRプログラムを徹底するしかないのである。

といったところで、紙数が尽きてしまった。次回にもう少し、日本のアピールポイントも含めて、この稿を続けよう。

（2006・9・18）

※GSA＝ゼネラル・セールス・エージェント（総販売代理店）

「世界一安全な国」のＰＲを

マーケティング予算の有効活用こそ最重要テーマ

前回、ＪＮＴＯ（国際観光振興機構）がその機能を十分発揮するためには、予算総額を何倍かにするか、あるいは現在の組織を半分くらいに圧縮するしかない、と書いた。

そして、マーケティング重視という組織目標を明確にするため、その名称を「ツーリズム・ニッポン」に。さらに、限られた予算を最大限有効活用するために、ＰＲ戦略を徹底重視する必要性についてふれた。

言うまでもなくテレビ、雑誌、新聞（あるいは最近急伸中のインターネット）などの広告料は安くない。それでいずこも、番組とか記事の編集レベルに対するソフトなアプローチに懸命である。ＰＲとかパブリシティというメディア広報戦略だ。これがうまく機能すると、費用対効果では抜群の影響力を生じさせることができる。

たとえば外国から３人のテレビクルーを10日間日本に招いて、あるテーマのもとに１時間の番組を制作してもらったとする。クルーの日本における滞在経費分をＪＮＴＯが受け持つと、仮に１人１日５万円として１５０万円（航空券は原則的に航空会社とのタイアップにより負担してもらう）。これに対しテレビ番組１時間分を広告費に換算したら、実に巨大な数字となるであろう。雑誌やテレビの取材にかけた費用と、こうした露出量の広告費換算値の比率は、１対１００くらいには優になる。つまり、同じ金額で行う広告展開の１００倍の露出スペースあるいは時間になり得るということだ。

これを有効に行うためには、どのようなテーマで、どのようにストーリーをつくるのかが重要となる。そこがＰＲの腕の振るいどころということなのだが、うまくこれに成功すれば、精密にプログラムされた広告によるキャンペーンの何倍もの「効果」が引き出せる。特に観光の場合、単なる物品と違って、アピールできる要素が実に多彩であり、ストーリーの展開の仕方は無限だ。人、季節、味、風景、産業、スポーツ、祭りなどのイベント等々、数え上げればきりがない。特に日本は、諸外国と比べてもテーマは豊富である。そのうえ、今まで積極的に対外的なＰＲを実施してきていないだけに、海外のメディアにとっては新鮮なネタが多い。

たとえば日本の国土の70％が森林に覆われているという事実。諸外国、特に欧米の人達は日本のことを、工業立国ゆえに工場だらけの汚れた、ろくに自然も残っていない国、というイメージで捉えがちである。これに対して、日本の自然を紹介するネタやストーリーに、我々は全く困ることがない（たぶん、デンセン、カンバン、ガードレールを避けてもらわねばならないが……）。事実、世界各国のうちで、特に先進諸国のうちでも、こんなに緑の残る国はきわめて少ない。したがって、欧米の人達が好むエコツーリズムの素材にだって、全くこと欠かないという特異性。

さらに例を挙げるなら、日本がどれだけ安全な国かという点も面白い。おそらく、「世界一安全な国」と言ったとしても、それほどクレームはつかないはずである。

面白いデータを挙げてみよう。国連が発表している「犯罪率統計」、05年度に発表された00年度調査のデータから算出した数値だ。国連は各国の凶悪犯罪発生数を人口10万人当たりの件数で発表している。そこで、①殺人、②強姦、

●犯罪率統計

国名	①	②	③
日本	1.0	1.0	1.0
韓国	4.0	7.2	2.3
中国	—	1.5	6.0
シンガポール	1.8	1.7	2.8
オーストラリア	3.1	45.7	29.8
ニュージーランド	2.3	12.6	11.3
サウジアラビア	1.0	0.2	0.7
トルコ	—	1.0	0.6
ロシア	39.6	2.6	22.2
フィンランド	5.7	6.2	12.3
フランス	3.5	8.0	10.1
イギリス	3.2	9.1	44.1
ドイツ	2.3	5.1	17.7
イタリア	2.5	2.2	16.0
スペイン	2.5	8.0	309.3
スイス	1.9	3.1	7.4
アメリカ合衆国	9.1	18.0	36.2
カナダ	3.1	43.8	21.5

※ 2005 年度に国連が発表した 2000 年度の調査データから算出

③強盗の数値を、いずれも日本を1・0として何ヵ国かと比較してみると、下表のようになる。

というわけで、国連統計によれば、サウジアラビアやトルコを除けば日本の安全度はダントツということになっている。ちなみに各国の警官の数は、人口1000人当たり1・8～2・3人が多い（日本は1・8人）。まあ、実際のところ、届け出数や検挙率のよしあしとかいろいろあるのだろうが、一応の目安にはなるデータであろう。オーストラリアとカナダの意外に高い（それも似通った）数値や、スペインの③309・3などには改めて「ははーん」である。

平和であることや安全であることは、何も日本人に限らず、世界のツーリストに最重要なポイントであることは言うまでもない。この点からすれば、わが国の「平和憲法」とその実績だって、きわめて大きな訴求ポイントとなるであろう。

いずれにせよ、世界各市場におけるPR展開を、きちんとした目標に基づき継続的に行ってゆくことは、観光後進国のマーケティング上、最重要テーマである。

（2006・10・2）

外客受け入れの心理的バリア

下町の洒脱さが生むホスピタリティ

日本人の約半数が「外国人なんて来なくていい」と思っているという。ようこそジャパンなんて言いながら、それはないでしょうと言いそうになるが、わが身を振り返ってみると改めて「かもね？」なのである。

外国人と聞いただけで、何となく気分的な怯《ひる》みが生ずるのだ。できれば避けて通りたい。心理的に「メンドー」なのである。業務上やむなく、という接し方はするものの、個人的かつ私的には、積極的な交わりを避けてしまう傾向が自分にはある。なぜかといえば、たぶん100パーセント、言葉の壁があるからだろう。慣れないからだと言われれば、多分にそのとおりだ。何せ、今だに英語でナイス・トゥ・シー・ユーなのかミート・ユーなのか、いつもまごつく。どうだっていいだろそんなこと、と思いながら、こだわりが消えるわけではない。

英語を多少とも使わなければならない仕事に40年も就いていながら、たかが挨拶ていどのことでこの体たらくである。ましてや、ふだん外国とのやりとりなぞ関係ない、一般の人達がメンドーに思ったとしても、少しも不思議はないというものだ。

たぶん自分がずっと若かった頃に、この「怯み」をきちんと打ち壊しておくべきだったのだろうが、何となく逃げた。そのツケがあとあとにまで回ってきている。

しかしながら、相手と対等の立場で考えるなら、言葉が通じなくて当たり前なのだから、別に怯む必要などないはずである。何となく逃げ腰になってしまうのは、自分の性格が弱いからなのに違いない。

コミュニケーションの真髄はコトバではないという。目つき、表情、しぐさ、手ぶり、声のトーン。男女間の気持ちだって、とてもコトバでは表せない（ことがある）。とはいうものの、外国人との間でフィジカルなレベルなら、コトバなどの必要はほとんどないはずだ。要は「伝えよう」「伝えたい」という気持ちの問題ではないか。相手に対する興味、異文化への好奇心といった前向きな気持ちさえあれば、心理的な怯みなどは一切お構いなしになる、ということなのではなかろうか。

久しぶりに、東京都台東区谷中の『澤の屋』当主、澤功さんの話を聞く機会があった。宿泊客の90パーセントが欧米からという、インバウンドの世界ではよく知られた下町旅館のご主人である。彼が外国人客を受け始めて25年になるが、先に書いた怯みなどはとうの昔に、毎日の仕事の中で打ち砕いてきた。自分の役割は外国からのお客さんに「日本を理解してもらう、日本を好きになってもらう」ための糸口をつけてあげること、わずかな手助けをしてあげることだ、と言った。澤さんが拠って立つのはホスピタリティで、サービスではない。前者はゲストとホストが対等だから、気持ちがまったく疲れない。サービスとなると、これが上下関係になってしまうので、くたびれ方は大変なものなんだそうである。

澤の屋の宿泊稼働率は年間90パーセント以上が20年も続いている。全部で12室とはいえ、常に満員に近い。新築なり増築なりを、なぜしないのかとよく聞かれるそうだが、「このサイズだからいい、とてもラクである」と、すこぶる自然体だ。東京の旅館はひと頃は2500あったのが、今はその3分の1の800ばかりになった。大型化を図り、特徴を失って消えたところも少なくない。あるいは地方に目を転ずれば、それで苦労しているところばかりと言っても言い過ぎではないだろう。

澤の屋では外客を谷中2丁目という町と一緒になって受ける。滞在客が町に馴染む。町で食べてもらう。人情を売ってはいないが、来る人を拒まない町。外客を特別扱いすることなく、あるがままを見せる。おそらくは下町の気風というのが「威張らない・卑下しない」、お互いに違うところを認め合う、といった洒脱さを備えているから、外国人だからとことさら肩肘を張らない応対ができるのだろう。澤さんが買い食いさせた町の揚げたてコロッケの味が、日本の旅行中いちばんのすばらしい思い出だと書いてきた客がいる。町の機能は大ホテル以上、大きなホテルではとてもかなわないサービスの提供ができるし、ホスピタリティに関しては言わずもがな、と彼は言う。日本語がわからなくても十分日本が楽しめた、という礼状も来るそうである。

澤さんは「YOKOSO! JAPAN」のバッジを1700万人の日本人海外旅行者に渡して、訪問先で配らせたらどうかと言った。ポケモンのキャラクターでも使ったら大ウケだろう。仮に1コ何十円か払っても、これならと配る人は少なくないだろう。諸国へ出かけるビジネスマンから全公務員にまで徹底できたら面白い。開かれた国、排除のない社会というのは、そんなところからも始まる。

なんとなく「メンドーだ」という自分と、「観光カリスマ・澤功」との差は明白である。

（2006・11・13）

新しい首都圏空港案が急浮上

観光立国「基本計画」策定も急……!?

新年早々のビッグ・ニュースである。

国交省は1月2日、「2015年首都圏新国際空港構想」を発表した。それによると政府は、観光立国推進のボトルネックになっていると内外からの批判にさらされていた、わが国の首都圏空港問題を一挙に解決するべき最終案として、成田／羽田間をリニア鉄道により10分で結び一体化させる、としている。この一体化案により、新空港は事実上24時間の発着が可能な国際空港となり、他国に例のない不便さだった国内・国際の乗り継ぎ問題も同時に解決されることになった。

構想にある滑走路は羽田に5本、成田に2本であり、現在と格段に変わるわけではない。しかし羽田が完全に24時間空港となることにより、時間的な受け入れ枠は飛躍的に拡大する。周知のとおり米空軍による首都圏空域の返還も2010年となっており、この新空港に発着する各航空便の運航効率もはるかに高くなる。

千葉県としても、観光立国推進という本格的国際交流促進の時代的な要求に対し対応を迫られており、成田の早朝・深夜便枠の拡大（5時〜24時）に応ずる構え。当然ながら成田・羽田共に、ＪＲ、京成、京急、モノレール等、都内各地と両空港をつなぐ路線やリムジンバスなども、上記に対応するべき運行スケジュールを編成するとしている。

国交省の試算によれば、新空港の発着許容量は現在のおよそ3倍になる模様だが、遠距離深夜使用枠は旅客便による利用がある程度限られてくるため、同省としては羽田の深夜を貨物便およびチャーター便使用に幅広く活用したいとしている。

実質的に３０００メートル級滑走路７本を備えた、24時間オープンという新空港のスケールは、ＵＡＥのドバイ新空港などに匹敵する世界有数のものになる。したがって新空港の機能を大別すると、羽田は国内便と近距離国際便を5時〜24時、深夜を貨物、チャーター、遠距離国際便に。成田は遠距離国際便と一部東南アジア便という振り分けで、空きがあればチャーターにも使用する。最近話題のＬＣＣ（ローコスト・キャリア＝格安便航空会社）などもどんどん受け入れる。

成田と羽田の間はおよそ70キロメートル離れているが、これがリニア（一部地下）10分で直結してしまえば、双方はほとんど第１・第２ターミナル扱いが可能、というのがこの新空港構想のミソである。リニアの実用化により、これが現実に可能となった。産業界でも、とりわけ旅行・観光分野の関係者は、「これでようやく物理的な鎖国状態から解放される。真の国際交流、観光立国の必要条件が整った」と、長年の夢がかなうことに喜びの表情を隠せない。

《解説》周知のように現在までの成田空港は、1964年の東京オリンピック誘致が決まる以前、およそ半世紀も前の着想によって計画立案されたものである。それから大きく時代は変わり、日中韓の交流拡大、BRICsの台頭、アジアの観光ビッグバン、日本の観光立国推進など、当時は想像しえなかったほど国際間の人流および物流の量が拡大した。

現在の成田空港には約60社の航空会社が乗り入れており、これらのうちの多くが増便を希望している。さらに新規乗り入れ待機中の航空会社や、国交省から強引に関空・名古屋に振り分けられている便で、成田・羽田を希望するところも少なからずあるのが実情。

さらに、成田空港の半世紀前の基本設計ですら、滑走路は3本が描かれていたのに、2006年末時点でなお1本半の稼働という体たらくだ。「日本は空港を口実に実質の鎖国を解いてはいない」とする内外の批判に、関係者は下を向いているしかなかった。しかし、この羽田・成田一体化新空港案により、東京はようやくソウル、香港、上海、バンコク、シンガポールなどと同レベルに立つ。日本は国際交流面で「ジャパン・パッシング」などと揶揄されてきたし、実際にビジネス需要の拡大に伴う2地点間直行便の拡大など、日本の孤立化が浮き彫りになりつつあった。日本の海外旅行客1800万人という数字も2000年以降足踏み状態が続いているし、訪日外客数も国が旗を振るわりには思うように伸びていない。

この新空港構想をもとに、双方向の交流が飛躍的に活性化するとともに、経済・社会・文化面のみならず国際的な安全保障の側面からも、より前向きな進展が見られることを期待したい。

なお、国交省は昨年末の国会で成立した観光立国推進基本法による、同基本方針固めの中核にこの新空港を位置づけ、中長期の諸施策策定を急ぐ模様……。

……というのが、つい最近、業界の中で話されていたことをもとにした、明るいネタ、トラベルジャーナル誌新年号トップニュースの「想定原稿」である。どこまでマジなんだか。

しかし、リアリティあったでしょう、けっこう。

（2007・1・1）

次々に上がる世界遺産への名乗り

絶対不可欠な旅行業と観光客の保全協力

１９７２年にスタートした世界遺産条約は、今年で35年目を迎えた。現在、この条約の締約国は１８２ヵ国、日本は１９９２年に１２５番目の国として参加した。登録のカテゴリーは文化、自然、複合の３つだが、まもなく「無形文化遺産」がこれに加わる。

世界遺産とは一口に言うと、「地球の生成と人類の歴史から生み出され、過去から引きつがれた人類共通のたからもの」であり、２００６年現在、世界全体で８３０件が登録されている。

内訳は「顕著な普遍的価値を有する記念物、建造物群、文化的景観」という文化遺産が６４４件、うち日本からは京都や奈良をはじめ10ヵ所。「顕著な普遍的価値を有する地形や地質、生態系、景観、絶滅のおそれのある動植物の生息地などを含む地域」という自然遺産が１６２件、日本には白神、屋久島、知床の３ヵ所。文化と自然双方の価値を兼ね備えた「複合遺産」が24件（日本には該当なし）、となっている。

そして先述のように、近々30ヵ国以上の批准をもってスタートする「無形文化遺産」というカテゴリーは、人類の口承および無形遺産の傑作がリストされることになっており、日本からは能楽と人形浄瑠璃文楽がエントリー予定である。

世界遺産の日本における窓口は文科省内の日本ユネスコ国内委員会だが、その暫定リストには石見銀山、旧富岡製糸工場、平泉、彦根城、小笠原諸島が載っており、つい最近は富士山が、なんと文化遺産としてこれらに加えられたのはご存じのとおり。このほか平泉や鎌倉、飛鳥・藤原、長崎教会群、琉球諸島などが順番待ちをしており、目下、次は我こそと運動中のところが全国に70ヵ所近くある。

世界遺産に登録というのは、世界のトップクラスの「たからもの」として公に認定されることなので、そのまま世界に無条件で通用する「ブランド」となる。ワールドクラスの「観光財」としてこんなにありがたいことはない。ふつうの地域は観光地として売り出してゆくため、その地域の魅力・ブランドを商品の形にし、販売促進を行い、流通にうまく乗せて市場へ届けるという、かなり大変なマーケティング上の諸段階努力を行わなくてはならない。

ところが世界遺産という御墨付きさえいただければ、それらのエネルギー・時間・コストの大半はユネスコと各国政府が肩代わりしてくれるに等しいことになるから、実に大きなメリットになる。マスコミなどがこぞって取り上げてくれる宣伝効果だけを見ても、通常の観光地ではとても望めない莫大な露出量となるからである。

しかしながら、世界遺産にはその保存管理状態を監査報告するシステムがあり、状況が望ましいものでなければ登録が抹消されることもあり得る。したがって、世界遺産地域にとって大切なことは、いかに観光地として「サステーナブルな」マネジメントができるか、という点にほかならない。サステーナブルというのは「未来の人々が自然や文化に接する機会の保全・強化をはかりながら、同時に、現在の観先客や受け入れ地域の要求を満たすこと」であり、それは「文化的健全さ、生態系、生物多様性などを保ちながら、経済的、社会的、および美的必要性を満たせるように、あらゆる観光資源の管理がなされなくてはならない」と、世界観光機構は定義づけている。

つまり世界遺産は、その地域の人達もさることながら、訪れる観光客も一緒になって、将来に向けそこがより良い状態に保たれていくよう、継続的な努力を傾注しなくてはならないと条件づけられているのである。

日本においては、この部分がまだよく理解されていない。世界遺産のブランドさえ手にしてしまえばオッケー、そのブランド目当ての無責任旅行会社や観光客がドッと集まり大騒ぎ、という本末転倒のパターンがあちこちで見られている。

白川郷が１９９５年に世界遺産登録された時、訪れていた観光客は年間45万人にすぎなかった。それが今や１４０万人を超える状態となり、マイカーや観光バスのコントロールに村の人々は大苦労を強いられている。集落の人々も田畑で苦労するより駐車場やみやげもの屋の方が、

といって農作業がおろそかになれば、田畑は荒れ、集落全体の景観は崩れ去ってしまうことに気が付き始めた。

白川郷の例にもれず、富士山にしてもしかりなのだが、地域環境全体のマネジメントが世界遺産登録より前にきちんと計画立てておかれる必要がある。気が付いたら観光客がドッと押し寄せて、というのでは遅い。その意味で今回リストされた地域は、その暫定期間の数年間を無駄にしてはならない。旅行会社もあるいは一般の観光客も、その責務について十分なわきまえあるべし、ということになる。

（2007・2・19）

「ツーリズム・ニッポン」再論

観光庁の実現化と格好のタイミング

参院選で自民党が歴史的大敗と、マスコミは報じている。「アジア・ゲートウェイ構想」（ＡＧ）を打ち出したきり、具体策に着手できないままの安倍政権はどうなるのであろう。

ツーリズムの観点からするとＡＧはけっして悪い方向性ではない。むしろ遅すぎるくらいの感があるし、少なくとも外客誘致１０００万人と叫んで駆け出し、ＪＮＴＯに手をつけるでもなくＶＪＣ（ビジット・ジャパン・キャンペーン）などをおっぱじめた小泉政権よりは、ずっとまともな構想力かなと見ていた。

ＡＧの基本的な考え方を読んでみると、日本はまだ「閉鎖的」というイメージが強いので、もっと情報発信力を高め、日本の魅力をアピールすることが必要だと言っている。日本をもっとオープンにし、アジアや世界の活力を取り込まねば、安定した経済成長の実現は困難だとも。

そこで、「魅力があり、信頼され、尊敬される『美しい国』を創る」というＡＧの目的が掲げられ、それは「アジアや世界の人々が、訪れたい、学びたい、働きたい、住みたい、と思うような国を創る」ことだと言っている。

しかしながらこの美しいメッセージは、同時に大きく打ち出された「平和憲法改正」方針や「従軍慰安婦」問題のほうが大きく取り上げられたことで打ち消されてしまい、年金問題や連発した閣僚の不祥事などで国内はおろか対外的にも、なんとなく怪しく胡散臭い「うす汚れた国」という情報発信となったあげく、選挙の大敗でピリオドが打たれてしまったかの感がある。

日本の好感度＝ソフトパワーを言うとするなら、特にアジア諸国に対しては、平和憲法の存在は相当に大きい。戦争のない安定した社会ほど望ましいものはないからである。クールジャパン（かっこいい日本）などという文言が語られてはいるが、ともすれば一層アジアに対し「閉鎖的」に向かおうとする日本人の鎖国遺伝子を、本気で消してゆく作業のとっかかりとしても、AGはなんとかうまく生かしてゆきたい。

ところで信頼すべき消息筋によれば、来年（２００８年）の4月あるいは7月に「観光庁」が発足の見通しだという。

観光立国推進基本法が２００６年にでき、今年はエコツーリズム推進法も成立した。国として本当に観光立国を推進するなら、各省庁の観光関連諸施策をとりまとめ、一定の方向性を与える推進役が必要だと、かねてから言ってきた。

世界各国、特にアジア諸国との間では、「観光をめぐる総力戦が始まる」とアレックス・カーは言い、そうなればそれを仕切る省庁は不可欠だとも言い切っている。

身近な例として国交省と、「日本を売る」ための組織であるＪＮＴＯについて、さらに不可思議なＶＪＣについて見てみよう。

ＪＮＴＯは独立行政法人として、政府の基本方針上は整理・縮小の方向にあり、予算も毎年数パーセントずつ削減されている。今までのこの組織は国交省の管理・監督のもと、なかば「組織の存続」自体が目的化しながら残ってきた。なぜなら、わずか35億円ばかりの予算にもかかわらず、１４０人もの職員と在外に13ものオフィスを持ち35人ほどのスタッフを日本から出して駐在させている現実があるからだ。主たる業務は調査・分析・報告だとされていて、とても「発信」とか「販促」を本格的に行う組織構成や予算組みにはなっていない。もし、民間ベースで35億円予算のマーケティング組織を考えるなら、スタッフ数も事務所の数も異常だし、ましてや主要な在外事務所の所長職が他省庁からの出向者の定席となっているなど論外ではないか。

そのうえ、40億円ほどの「対外観光販促予算」がようやく付いたのに、それをＪＮＴＯに渡せなくて、民間から人と金を出させたＶＪＣ事務局などという仮組織をわざわざつくり消化させるという変態ぶりが続いている。これではＪＮＴＯが本来担わなくてはならない「販促業務」を、監督官庁が「任せられん」と言っているのに等しい。こんなおかしな「構造」を残しながら、ＪＮＴＯに仕事をやれと言ったところで、ＪＮＴＯのプロパーは「ざけんなよ」と思うだけだろう。

かつて国交省は2003年を「訪日ツーリズム元年」と言い、今また2007年を「観光元年」だなどと言っている。先の「総力戦」を仕切るための観光庁ができるというなら、ここは対外販促のための組織の一本化にも良い機会である。

以前にも当欄で書いたが、JNTOとVJCを合体させて「ツーリズム・ニッポン」をつくる。あるいはツーリズム・ニッポンをつくり、そこへVJCの予算とJNTOのプロパー職員のみを移行する。まさしく民間並み、マーケティング主体の新しい効率最優先組織を、文字どおりの「独立」行政法人をつくってもらいたい。

観光立国諸施策のうち、対外販促に関して観光庁がなすべきことは、まずこれである。

（2007・8・13）

観光立国のリスク・マネジメント

国としての危機管理と情報発信機能を

「われわれは、テロ防止を最優先に行動しているわけではない。多くの人々にとって、生きる目的は『生活の糧を得ること』や『生活を楽しむこと』であって、テロの被害に遭わないことを最大の目的として行動している人はまずいない。テロに限らず、われわれの多くにとって安全は第一ではなく、第二か第三か、あるいはそれ以下の重要性でしかない。この優先順位はけっして間違っていないと思う。それは、人は『死なない』ためではなく、『良い人生を送る』ために生きているからだ」。

――これは先頃トラベルジャーナル誌に掲載された、山崎正晴さん（コントロール・リスク・グループ代表）のリスク・マネジメントに関するコラムの一節である。テロへの危惧はそのまま、原子力発電の安全性とか、交通事故や病気、災害などへの、あらゆる安全安心論議に適用されうるであろう。世の中のどこにも、絶対な安全安心などありはしない。しょせん確率をどう捉えるかであり、比較対照であり、さらにより安全な対策への努力などが大切な事柄なのである。

新潟の地震で柏崎の原発火災が大きく報道され、日本に55ヵ所ある原発全体の安全性うんぬんが、海外のメディアにもセンセーショナルに扱われたらしい。日本への旅行を取りやめた人達もあったという。

このような報道に対し、日本の外務省や国交省、あるいはJNTOは、国としてどのように対応しているのであろう。旅行業界では海外における安心安全について、さまざまな議論が交わされてきた。風評被害が問題になり、JATAから現地視察団が派遣されたこともある。狂牛病、SARS、9・11など、各国においては諸外国からの観光客を対象とした、国を挙げての「リカバリー・キャンペーン」が行われ、各国首脳の言動もツーリストへの配慮がきちんと報道されていた。

日本はどうなのであろう。

柏崎にはIAEA（国際原子力機関）の査察が入った。IAEAは「国連機関などと協議、協力の上、健康を保護し、人命および財産に対する危険を最小にするための基準を設定し、または採用する」役割があり、チェルノブイリ以降、安全確保の重要性が国境を越えた問題として再認識されているという。

こうしたことの重要性にかんがみ、日本はIAEAの査察結果をきちんと公開する必要があるし、とかく問題視されてきた浜岡原発なども、進んでIAEAの査察を受け、その結果を内外に発表する必要がありはしないか。コトが起きてから「想定外」だなどとは、言われるほうが想定外なので、電力会社の御用学者ではない多くの専門家や、ＩＡＥＡの基準値を十分に満たす対策をも併せて開示、進めていく必要がある。

観光立国諸施策の一環として、こうした危機管理のありかたも大変重要な事柄である。それでなくとも日本は、地震、台風、津波などの自然災害が多いと見られているのだから、政府としてはＩＡＥＡの査察終了後にでも、日本との交流が多い国々へ「安全日本ＰＲミッション」を派遣するくらいの心構えがあっていい。たんに大使館やＪＮＴＯなど、出先機関にその場限りの対応を任せるのではなく、日本はこのように安全な対策を取っていて「他国と比べてもけっして遜色がない」ということを「数字で」示すのである。石原都知事が原発を東京に造ってもいいと発言したという記事を目にしたことがあるが、それだけの自信に科学的根拠が添えられていることが望ましい。

ついでに安全な国日本についていては、以前紹介した（Ｐ２５４参照）、殺人はアメリカの9分の1、強姦はオーストラリアの45分の1、強盗はカナダの21分の１（いずれも２００５年の国連統計による）、などという数値も、それとなく使っていけば良い。他国との比較、有名・有力国との対比、世界ランキングなどの数字は、いずれも大きな説得力をもっている。来てくれればわかる、などとおっとり構えていては、ますます各国に後れを取るであろう。

今まで外国における日本人の安心安全対策をもっぱらの対象としてきた危機管理も、外国人観光客が増えるに従い、国としての対外発信機能を十分に視野に入れなくてはならなくなる。大切なことは「リスクを受け入れる覚悟」と「リスクと共存する知恵」だと、先の山崎さんは書いている。

（2007・9・3）

歩く旅がしやすい国をつくる

観光立国にこんな「自足旅行」の視点

歩くという字を分解すると、止まるという字の下に少ないという字がくっついている。しかし歩いているうちにそこにある風景や、そこで出会う人達の暮らしなどを眺めているうちに、立ち止まる回数がどんどん多くなり、歩く距離が少なくなる。だから自分にとって歩くという字は、止まるという字の下に多いという字を書くのであると、小川彰さんはいう。

以前、当欄で山浦正昭さんが提唱するフットツーリングのことを書いた（P60参照）。するとまもなく『フットツーリングのすすめ　自足旅行術』という本が送られてきた。手づくり237ページの実に面白い本である。このなかに、山浦さんと同じような考え方をする人達の、歩くという旅のスタイルに対する思いがいろいろ紹介されている。さきの小川さんは30代に全国の歩け歩け大会などに参加しまくり、ひたすら歩いた。次の10年は、「野んびり」というグループをつくって、歩く・見る・楽しむというカントリーウォークを。そして今や、日本中の名も知れぬ町や村を歩きながら、その地に暮らす人達とのお付き合いを楽しんでいる。

何十年か前に、バックパッキングという言葉を初めて聞いた。そして、パックに詰める荷物は極端に軽くせねばならず、そのため歯ブラシの柄まで半分に切るなんていう文章を読んで、なんとまあと驚いた覚えがある。しかしこの本の中に登場する「出がらし紋次郎」という人は、経験的アドバイスとして、徹底的な装備の軽量化を勧めている。それによれば、人間が快適に背負って歩ける装備の重さは体重の2割以下。だから必要な物以外は持たない、必要かもしれないものは持っていかない。そしてあらゆるものを徹底して軽量化する、ウルトラ・ライトウェイト・バックパッキングの手法を細かく説明している。しかし、日本の自然歩道は未整備で、東海自然遊歩道ですらまったくうんざりする状態。アメリカのアパラチアン・トレイルなんかと比べては酷だろうが、外国人旅行者などは完全にお手上げだろうと指摘し、誰もが歩いて旅をした江戸時代の日本を振り返りながら、誰もが楽しめる歩行文化の再創出こそ、21世紀の日本に必要だろうと説いている。

環境省は首都圏自然遊歩道から東北自然遊歩道への連絡ルート追加により、全国9ブロックの自然歩道ネットワークが整ったとしているが、実際歩いてみるといろいろ問題ありと強く感じるという報告を寄せている飯星宏徳さんは、6年220日かけて、5310キロメートルを歩いてみた。そしてこれからの中高年ハイカーに、あわただしい日帰りハイクから抜け出しての連泊ハイクをすすめている。

有名なジョン・ミューア・トレイル340キロメートルを6回目の挑戦でようやくクリアした人は、うらやむべきこのルートの実情を書いた。英国の南端ランズエンドから北端のジョン・オーグローツまで徒歩縦断の本を参考に、1707キロメートルを51日間で歩いた人のレポートも面白い。永くあたためた退職後の夢をかなえた。歴史街道かならずしも快適な道にあらずと、自分の足で10年踏査しまくったあげく、大阪から敦賀への「さざなみ快道」、京都の東寺から高野山を結ぶ「新高野快道」、天保山から飛鳥までの「太子快道」などをつくりあげた、コースの快適さを誇る快道メーカーの小西尉司さんは、自分で詳細な地図まで発行し大人気を博しているらしい。西国7低山巡りや、なにわ6峰巡りも、ぜひとも行ってみたい気にさせられること請け合いである。あるいは、英国で一番美しい町や村々というコッツウォルズを歩いた人の、道標、ゲート、休憩施設、宿泊、交通、パブ等々についての詳細な報告もある。

山浦さんは、自分の目指すフットツーリングについて、「前例のないオリジナルな旅であり、一つの芸術作品だ」と書いているが、これらのレポートを読んでみるとまさにそれぞれが、年季の入った芸術作品になっている。そしてフットツーリングという手法につき、日本や世界の新しい発見をするための手段であるし、今までとは違った旅から、これからの社会を創りだすエネルギーを貯えたいとも書いている。

「歩く旅がしやすい国にするということはどういうことなのか、歩く旅がしたくなる国ということはどういう国であるかを、もっと深く考えてみることが必要だ。つまり、歩いて旅が続けられ、続けたいと思う国は、それだけ国も自然も人々の暮らしも魅力的だということだ」。

観光立国宣言のあと、インバウンド・ツーリズムあるいは国内観光振興に向けての諸施策がとられているが、このような視点からの指摘はほかにない。この『自足旅行術入門』をぜひ参考にしてもらいたい。（注文はFAXで、03・3627・4116まで。1部送料とも2000円。）

（2008・3・3）

ツーリズムの「温暖化」対策は

JATA国際観光会議でも具体的な行動へ

「たてごとあざらしの赤ちゃん」をテーマにしたツアーを、今から20年ぐらい前に売り出したことがある。カナダ東部、セントローレンス川が大西洋に注ぐ広大な河口沖に浮かぶマドレーヌ島付近の流氷上に、2月末から3月中旬にかけてのおよそ2週間だけ、彼らは姿を現す。純白の毛皮に包まれた赤ちゃんがたくさん産まれ、ミルクをたっぷり与えられて泳げるようになると、彼らは北に向けて旅立ってゆく。

この赤ちゃんの毛皮はとても美しくて柔らかなため、地元の猟師達にとってはいい収入源になる。流氷上に産まれたてのアザラシの赤ちゃんが、片端から猟師達の振るう棍棒で撲殺されてゆくシーンが毎年繰り返されていた。猟師達にとっては昔からの自然の贈り物だったが、普通の人達にとっては、東カナダの冬の風物詩というにはあまりに刺激の強すぎる光景だった。

ポール・ワトソンは、この猟師達のアザラシの赤ちゃん狩りに身を挺して立ち向かった。

彼は猟師達の棍棒で半殺しの目に遭いながら、抗議の直接行動をやめようとはしなかった。1970年代後半のことである。この果敢な行為によってニュースは世界に広まり、結果的にアザラシの赤ちゃん達は、冬のカナダ観光の一大シンボルになった。アザラシによる地元の冬の経済効果が、猟師達から観光業に移行したという見方もできる。

ワトソンは環境保護団体として知られるグリーンピースの有力メンバーだったが、この「事件」によって非暴力を建前とするグリーンピースから除名されることになった。しかし世界にはワトソンを支持する人が少なくなく、彼は「シー・シェパード」と名付けた船に拠ってこの30年、反捕鯨の直接行動を世界的規模で展開、昨今は南極海域において毎年わが国の「調査捕鯨船団」と熾烈な戦いを演じている、という訳なのである。

シェパードといえば一般には犬、牧羊犬を想像する。しかしキリスト教の世界では、牧羊犬＝羊飼い＝牧師＝指導者、つまり、よき羊飼い＝キリスト、を連想させる言葉らしい。ワトソン達が拠って立つ哲学は、「もし私達がまったく悪いと思っていることを法律が保護し、容認しているならば、私達は法律に従わなければならない道徳的責務があるだろうか」であり、「自然法は常に国家法に優先する」であり、「かまわないから法律を破りなさい」という倫理観と使命感に拠っている。

ワトソン達のような人々はかなりディープなエコロジストと呼ばれているが、クジラやアザラシのみならず、木や植物や、そこらへんに転がる石ころだって、自然から与えられた権利があるというのが彼らの主張だ。過激ではあるものの、過激さがなければ奴隷解放だってありえなかった、と彼らは言う。そして明確に、環境保護という世界の潮流をリードしてきた彼らの役割が一定の評価を獲得してきた。ここらあたりの事情はロデリック・ナッシュによる、『自然の権利　環境倫理の文明史』（ちくま学芸文庫）が大変面白い歴史を語ってくれている。

しかしながら、世界が抱えている温暖化という大問題は、ワトソン達のような個別の運動を根底から覆してしまいそうなことばかりである。１９６０年代にバックミンスター・フラーが「宇宙船地球号」という概念を打ち出した（ちくま学芸文庫）。有名なローマクラブが『成長の限界』（１９７２年）で指摘した問題点は、現在『成長の限界　人類の選択』（２００５年　ダイヤモンド社）という第3版により、一層明確な数値が示された。自然資源の枯渇もさることながら、今や人類の廃棄物を消化する自然の吸収力がパンクしそうになっている。

というわけで、9月に行われる国際観光会議（ＪＡＴＡコングレス　世界旅行博と併催）でも、会議の開催自体で発生するCO_2を多少ともオフセットするため、会議参加費に１人５００円を上乗せし、主催者のＪＡＴＡとして環境問題への姿勢をアピールするという。

会議のプロデューサーである榊原史博さんによれば、ツーリズムが地球温暖化に対して取り組まねばならないことは急務であり、業界全体の環境問題に対する意識を植え付ける取り組みのひとつにしたい、ということのようだ。

エコロジーは、今4つの「R」を言っている。Reuse（再利用）、Reduce（削減）、Recycle（再生）にRefuse（拒否＝廃棄物）が加わった。５００円の出費は環境問題に対する免罪符ではない。一人ひとりの日常生活や企業活動に、どう４つの「R」を直接的に反映し行動するかだと、国際観光会議もけっこうマジである。

君達は「エコロジカル・フットプリント＝自然に対する人間の影響の総量」をいかに最小化するか、できるのか。アザラシも白熊も、そう人類に訴えているかのようだ。

（２００８・６・30）

ツーリズムが鎖国遺伝子を解体

観光庁の役割は開かれた国民意識の醸成

日本中に、どう見たってこんな道路は要らんよな〜というような道がどんどんでき、今なお増え続けている。国交省がつくり、農林省がつくり、自治体は自治体でつくるから、今や田舎の田舎まで網の目のような道路が幾重にもなって増えている。道ばかりではない、ダムもまたしかり。それも、住民が知らされた頃はもう遅いというケースがざらである。地方の生活や経済を活性化させ、過疎化をなくすために絶対不可欠という論理が錦の御旗のようだが、実際にはその道路を通って人々はどんどん外へ出て行き、過疎化はいっそう促進されている。それでもなお、さらに今後10年間に59兆円分の道路をつくると、国交省の鼻息はまことに荒い。一体、猪瀬直樹さんの問題提起は何だったんだろう。

さらに、だ。日本国内の空港は現在96ヵ所ある。利用人数過剰予測をもとにこちらもまだ増え続けており、大赤字の空港は枚挙の暇もない。道路行政を推進するのと同じメカニズムがここにも働いている。ところが、これだけ「みち」の重要性を言いつのる国でありながら、ほぼ半世紀間、日本と外国をつなぐ「みち＝航空路」、特に成田空港はほったらかしにされてきた。日本に乗り入れている航空会社は確か64社だが、成田にはまだ50社ほどが待たされているという。現行乗り入れ中の航空会社にしても、もっと増便したがっているところが多い。さらに、羽田との国内線乗り継ぎの利便性などに話が及べば、まったく言語道断の有様である。要は縦割り行政とお役所仕事のおかげで、税金の使い道や優先順位がデタラメなのだ。さらに彼らのホンネは、「個人貯蓄1500兆円いっぱいまで財政赤字はつくれる、あげくは増税でチャラにすればいい」、といったあたりにあるらしい。

それはさておき、観光立国推進基本法ができ、今度は観光庁ができる。ここでは同じ国交省がYOKOSO！JAPANといって外客誘致や、ここのとこ下がり気味の海外旅行や国内旅行促進に懸命だ。しかし国内の道路予算のほんの数パーセントでも、国益のため国際間のみちづくりやマーケティングに振り向ける、などというのは役人も政治家も票につながらないからやらない。もし本当に大半の国民がそれでいいと思っているなら、この国の鎖国遺伝子は実に強力だ。空港問題が解決し、国内外との出入りが自由になり、最近世界中で話題のLCC（格安航空会社）などもどんどん飛来するようになると、国際間の人流・物流ともにあっという間に跳ね上がり、経済、文化、社会は大きく変わっていくに違いない。税金の使いどころと効率について、ここにも政治は不在のようにみえる。と思っていたら、どこからかこんな「試算」

のメールが回されてきた。
仮に59兆円を風力発電の設備に投入してみると。1基1500キロワットの出力で3億円だから、これが20万基できる。平均的な原子力発電（1基100万キロワット）に換算して300基分だ。日本では55基の原子力発電で全電力の30％をまかなっているが、設備利用率を3分の1としても、風力で原発100基分にもなるから、わが国の電力の半分はこれでまかなえる。実際には、風力のみならず、太陽光、地熱、小水力、バイオマスなど、ほかの自然エネルギー開発に59兆円は効果的に配分されるだろうし、コストも下がるであろう。したがって、これに環境税、炭素税のシステムを組み合わせてゆけば、日本の発電には原子力も石油も天然ガスも要らんではないか。とまあ、これはグリーンピース・ジャパンの星川淳事務局長。

これに似て、大きな数値を小さな尺度に置き換え、地球上の問題をわかりやすく指摘した本が、『世界がもし100人の村だったら』（特に②版のほう、マガジンハウス）である。すべてのエネルギーのうち20人が80％を使い、80人が20％を分け合っている云々というあれだ。以前にも書いたが、環境問題、温暖化、貧困、などなどの諸問題につきレスター・ブラウンは、世界の叡智が年間で、せめてアメリカの軍事費の3分の1をまわすことができればおよそ解決すると言い切っている。アル・ゴアの『不都合な真実』が世界の世論喚起に果たした役割は大きいが、アメリカの戦争や核、軍事費と絡めての発言は封印されている。その点、ブラウンの説得力は大きいし、より鋭い。世界の軍事費は2006年度で1兆2040億ドル。そのうちの46％がアメリカで、ちなみに日本は第5位、約4％の437億ドルを使っている。さらに、ノーベル賞経済学者のジョセフ・スティグリッツが最近書いた、『世界を不幸にするアメリカの戦争経済』（楡井浩一訳、徳間書房）という本では、日本も荷担しているイラク戦争の3兆ドルにものぼる天文学的な、そして犯罪的な無駄が、容赦なく告発されている。日本だってこれだけの金額を諸問題の解決より優先させていいものかどうか、もっとマジに検証してみる必要は大ありだ。などとまあ、観光庁の話題のつもりがあちこち収拾がつかない。

しかし、こんなもろもろの背景をも踏まえながら、広くツーリズムの意義や重要性を浸透させてゆくこと。業界が永らく待望してきた、新設観光庁の最大の役どころかと思われる。

（2008・7月）

あとがき

日本の海外旅行が自由化になって間もなくの頃、学生から社会人となり、世界に出てみたいという気持ちが常に強くあった。やみくもに憧れていたといっていい。当時アメリカにグレイハウンドというバス会社があり（今でもある）、アメリカ・カナダ全体くまなくのネットワークを誇っていた。この会社が99日間99ドルという、全路線乗り放題のパスを諸外国からの旅行者に売っていた。これで大陸中を放浪するのも夢のひとつだった。

時代は移り、日本へもようやく諸外国からの観光客が、珍しくはない程度にやってくるようになった。さきのグレイハウンドのパスにあたるものを現在の日本に求めるとするなら、1ヶ月間乗り放題のＪＲ・新幹線パスとか、同じく航空便パス、高速道路パス、などがそれに充当するだろう。こうした制度上の、より楽しく便利に旅行しやすい環境づくりも不可欠である。現在、新幹線のパスはのぞみの利用ができないなど、各方面のトータルな外客受け入れ制度は不備だらけで、とても「ようこそ！」などといえた義理ではない。これから諸外国からの若い旅行者、それも果敢に個人でやってくる人たちに、どのように、どれだけ長く滞在してもらうかというようなことも、日本のさまざまな将来につながる戦略として大変重要である。

262ページで冗談話のように紹介した成田・羽田空港一体化案は、実は、日本の表玄関としての装置を決定的に変えるものである。両空港をつなぐリニアなどの高速交通機関には、1兆数千億円の投資が必要と見積もられているようだが、この金額は国交省が今後10年間につくるという道路予算59兆円の、わずか3パーセントである。首都圏空港における十分な国際便の発着、LCC（格安航空会社）の受け入れ、国内便や新幹線交通網へのスムーズな乗り継ぎシステムなどが、ほかのアジア諸国なみになって初めて「ようこそ！」といえる状況になるだろうし、外国からの訪問者数も日本から外へ行く人の数も、おのずから飛躍的に跳ね上がるであろう。現実に今、50社以上もの航空会社が、成田という玄関口で乗り入れを待っていると聞く。狭い国土に96もの空港をつくりながら、肝心の表玄関は30年間も根本的な変化がない。国際線用滑走路のみならず、米軍による東京上空の制空権など諸問題の根本解決は、たんに観光立国というより、国のあり方そのものの変化につながる、国こそが手をつけるべき最優先事項ではないか。

国交省は2007年に835万人まできた外国からの訪問者数を、2020年には2000万人にするといっている。この数字は現在のオーストリアやメキシコあたりのレベルであり、英国は2006年の受入数がすでに3200万人を超えた。外に出かけてゆく方も、国民人口比の出国者数を比較してみると（06年）日本の14％に対し、韓国は24％、台湾は34％、英国にいたっては113％もある。入る方も出る方も、日本の経済力からすると不思議なほど低いレベルにとどまっており、これまた日本人の「鎖国遺伝子」説を裏付ける数字となっている。観光庁が気合を入れて目標数値をというなら、あえてここは2020年3000万人ぐらいをいわなくてはおもしろくない。国際交流の促進には旅券発給の青少年割引や、海外修学旅行推奨制度、成人式・還暦祝いの旅券プレゼント制度などが考慮されてもいいだろう。

したがって、ようやく立ち上がる日本の観光庁の役割は、庁、省、という壁を超え、先述のテーマとか244ページで紹介した「国家的課題」に取り組む大きなビジョンを掲げ、他省庁や一般社会に広く働きかけてゆくことにほかならない。いまどき観光庁・観光省など要らないという向きもある。しかし今やツーリズムは国として取り組むべき重要事項であることを、政治家や官僚に、国民一人ひとりに、しっかり理解してもらわねばならない。ツーリズムには省をまたいだ政策や、そのための調整機能も不可欠である。その構想や施策を矮小させることなく、一定の方向にまとめあげてゆく強力なリーダーシップも要る。あえて、国交省内における庁ではなく、独立した「省」をめざせとまで言われているのは、そういうことを指している。

1964年の海外旅行自由化は、自分を含めた多くにとって、長い鎖国からようやくの解放だった。国内旅行についてもまた、それぞれが勝手につくり上げた観光地のイメージに熱い思いを寄せていた。しかしそれから40年以上が過ぎ、「旅行ブーム」を担った世代の交代はすすんだ。当時の20歳は今の60歳代なかばであり、やみくもな旅行に対する、あるいは海外への憧れは、かなり薄れた。つくれば売れた海外旅行はもう過去のものとなってしまい、次の世代、その次の世代にいたっては「旅行なんてメンドー」とうそぶく時代になった。それは、実は先行した世代が、旅行の効用あるいはすばらしさを本当に体験することなく、「行った、見た、帰った」というレベルの旅を語り、続く世代の夢まで消し去ってきてしまったせいかもしれない。70年代から90年代にかけての旅行業界などが、どんどん増える需要をなんとかこなすに精一杯で、次の需要のタネをまき育て上げるという、マーケティングを怠ってきたせいでもあるだろう。考え方を変えてみれば、これからこそが、本当の日本のツーリズムを、地域や国、旅行・観光業、多くの人たちが協力し、意図的につくりだす時代ということになる。

ここにまとめた文章は２００５年からほぼ3年間にわたり、『トラベルジャーナル』誌に連載した。国内旅行やインバウンドの話題を中心に、「観光振興の技法」というコラム・タイトルでつづった、言ってみれば「当方見聞読」である。同誌編集長だった桜井幹男さんには大変お世話になったし、今回本にまとめるにあたっても非常な便宜を図っていただいた。拙文をつぶさに読んだ上で出版の労を取ってくださった虹有社の中島伸さん、中島規美代さんともども、厚くお礼を申し上げる。

２００8年7月25日

小林天心

小林天心　こばやし・てんしん

1968年同志社大卒。旅行会社で30年間、主にカナダ・アラスカ、オセアニア、極地など、海外旅行の新しいツアー・新デスティネーション開発に携わり、1998年よりニュージーランド観光局・日本支局長、2005年から株式会社観光進化研究所代表。北海道大学大学院・非常勤講師。日本エコツーリズム協会・理事。著書には、『観光の時代』（トラベルジャーナル）、『ツーリズム・マーケティング実践』（ツーリズムワールド）、『海外旅行という仕事』（ツーリズムワールド）などがある。

ツーリズムの新しい諸相
地域振興×観光デザイン

2008年9月11日 第1刷発行

著　者　小林天心
発行者　中島伸
発行所　株式会社 虹有社（こうゆうしゃ）
〒113-0033　東京都文京区本郷 4-26-7-3F
〈電話〉03-5684-1007（代表）
http://www.kohyusha.co.jp/

装丁・本文レイアウト　奥園智子
印刷・製本　文化堂印刷株式会社

ISBN978-4-7709-0049-4 C0026